Hypnotische Phantasiereisen

THOMAS NIKLAS PANHOLZER

Hypnotische Phantasiereisen

Auf den Pfaden des Unterbewusstseins
zu tiefer Entspannung und Selbsterkenntnis

südwest

Inhalt

Ein Wegweiser zu Glück und Gesundheit

Träumen Sie vom Glück? Wer tut das nicht? Wie wäre es, wenn Sie sich ab heute Ihr Glück »erträumen« könnten? Ja, richtig: erträumen. Aus den philosophischen Ansätzen des Positiven Denkens ist bekannt, dass sich das Leben in der Empfindung und sogar in den Ereignissen zum Angenehmen wendet, wenn positiv gedacht wird. Das Prinzip ist also simpel – und Sie haben sicher schon davon gehört. Etwas mehr Herausforderung bringt da die praktische Umsetzung. Wer bislang negativ über sich und/oder andere gedacht hat, dem wird es nicht so leichtfallen, plötzlich positive Gedanken zu schmieden und auch noch für wahr zu halten. Und dennoch ist es möglich, wie Sie in diesem Buch erfahren werden – und auch gleich ausprobieren können. Über das Medium der Phantasiereise verbinden wir nämlich das Positive Denken mit den Tiefen der Gefühlswelt und den prächtigen Bildern unserer Phantasie. So reisen Sie in einer leichten Hypnose in Welten, die genau so sind, wie Sie es sich wünschen – voller Freude, Fülle, Gesundheit oder wie auch immer Sie es sich erträumen. Und Sie kehren mit dem Gefühl, dass sich das jetzt genau so leben lässt, wieder in Ihren Alltag zurück.

Sie brauchen: nur Ihre Phantasie

Um an Ihr Glück heranzukommen, benötigen Sie ein geeignetes Werkzeug. Die gute Nachricht ist: Sie sind bereits mit allem ausgerüstet, was nötig ist. Im Grunde brauchen Sie nämlich nur Phantasie und ein bisschen Ruhe. Dann ist es nur noch ein kleines Stück bis zu den glücklichen Erlebnissen in Ihrem Sein, die eine Phantasiereise mit sich bringt. In diesem Buch werde ich Ihnen alles erläutern, was Sie zu einer erfolgreichen Anwendung dieser Methode brauchen werden.
Wie bei Urlaubsreisen auch, ist Reise nicht gleich Reise. Und natürlich können Sie ganz vorsichtig anfangen. Vielleicht möchten Sie zu Beginn einen kleinen Tagesausflug in Ihren Körper unternehmen, bevor Sie mit einer Weltreise zu Ihren höchsten Lebenszielen starten? In den Phantasiereisen ist alles möglich. Das Einzige, was es nicht gibt,

sind Einschränkungen. Diese Methode erlaubt es Ihnen, auch all die Dinge zu erleben und tief zu erspüren, die Ihnen im Alltagsleben gar nicht möglich erscheinen. Und dies macht die Phantasiereise zu einem therapeutischen Werkzeug, das für jeden zu verwenden ist.

Der Traum vom Buchhalter zum Phantasiereisenden

Ich hätte viel gelacht vor mehr als 20 Jahren, wenn mir jemand erzählt hätte, dass sich mein Weg vom Buchhalter zum Bilanzbuchhalter, vom Programmierer zum EDV-Unternehmer und schlussendlich zum hypnotischen Weltenbummler entwickeln würde. Heute ist mir klar, dass ich diesen Weg nehmen musste, dass ich alle Register (Buchhalter) der Logik (Programmierung) ziehen musste, um mich endlich für die andere Seite des Lebens zu öffnen. Ich musste erst durch das Jammertal von Krisen wandern, um zu verstehen, dass jede Krise auch eine Chance bedeutet. So musste ich den finanziellen Abgrund erst einmal unmittelbar vor Augen haben, um die mentale Kraft in mir zu spüren, die mich einerseits an diesen Punkt gebracht hatte, mir aber andererseits auch klar zu verstehen gab, wo ich das Gesuchte finden würde: nämlich niemals im Außen, sondern in meinem Inneren, von wo aus es dann durchaus auch zu schmackhaften Früchten im Außen führen könnte. So wurde aus dem amerikanischen Traum – vom Tellerwäscher zum Millionär – ein europäischer – vom Buchhalter zum Phantasiereisenden.

Seit frühester Kindheit jagte ich dem Lob anderer hinterher, ich kämpfte um Anerkennung, die ich aber nur zu selten erhielt. Irgendwann sollte die Gründung eines EDV-Unternehmens zum Ausdruck meiner Selbstbestätigung werden. Nach einem rasanten Höhenflug kam der Absturz in ein finanzielles Desaster. Ein Bandscheibenvorfall rundete das Dilemma ab. Erst ein Buch von Dr. Joseph Murphy – *Die Macht Ihres Unterbewusstseins* brachte die Wende. Es schien mein Leben, meine negativen Gedanken und die daraus resultierenden Ergebnisse genau zu kennen. Viele Bücher sollten folgen, ich verschlang alles, was ich zum Positiven Denken finden konnte, und baute so Stück für Stück meine innere Gedankenwohnung um: von einer tristen Vorstadtbleibe zu einer hellen und freundlichen (mentalen) Luxusvilla in sonniger Südlage.

Ich begann also, positiv zu denken. Vor allem begann ich, positiv über mich zu denken. Das war mitunter gar nicht so einfach. Ich entdeckte,

dass es viele Wege dazu gibt. Mir hat am besten die Phantasiereise dabei geholfen, meinem Leben ein neues schönes und schillerndes Kleid anzuziehen. Bald zeigten sich auch äußerlich die ersten Erfolge: Mein Unternehmen beispielsweise hat sich zu einem profitablen Geschäft entwickelt. Dabei arbeite ich seither deutlich weniger als zuvor. Das Wichtigste aber ist, dass es mir (fast) immer auch Spaß macht.
Ich war so begeistert von den enormen Möglichkeiten der mentalen Arbeit, dass ich eine umfassende Ausbildung zum Thema Hypnose absolvierte und für mich selbst den Schwerpunkt auf die Phantasiereisen legte. Denn in den dabei entstehenden Geschichten konnte man sich selbst leicht erkennen und neue Wege beschreiten. Ich unternahm selbst unzählige solcher Reisen und erlebte auch, wie sich Freunde und Bekannte von den Erfolgen anstecken ließen. So begann ich, in vielen Internetforen über meine Erfahrungen zu berichten, und erhielt sehr viel und überwiegend positives Feedback. Als der Verlag mit der Frage an mich herantrat, ob ich ein Buch über Phantasiereisen schreiben wolle, wurde ein weiterer meiner lang gehegten, aber nie geäußerten Wünsche wahr. Ich hatte mir gern vorgestellt, dass ich meine positiven Erfahrungen mit viel mehr Menschen teilen könnte.
Ich möchte Sie nun herzlich einladen, sich mit mir auf die mentalen Pfade der Hypnotischen Phantasiereisen zu begeben, die Sie zu wahren Quellen lebensbejahender Erfrischung führen können.

Was Sie in diesem Buch erwartet

Ich hatte mir in jungen Jahren einmal ein Buch gekauft mit dem ungefähren Titel *Nie mehr müde und erschöpft*. Ich hatte immer wieder versucht, es zu lesen, aber ich war einfach zu müde dafür – das tragische Schicksal eines Ratgebers. Das vorliegende Buch wird dieses Schicksal nicht teilen müssen, denn hier erfahren Sie Schritt für Schritt all das, was Sie brauchen, um wohlgerüstet in die Praxis zu gehen. Mich ließen erst die Techniken der Hypnose die Kunst der Entspannung erlernen. Auch die Erkenntnis, dass in einem entspannten Zustand die Lern- und Aufnahmefähigkeit enorm steigt, durfte ich erfahren – und natürlich baute ich sie in meine Arbeit mit den Phantasiereisen ein. Sie wurden zu »Hypnotischen Phantasiereisen«: Reisen in vollkommener Entspannung, die mit Hilfe von Symbolen Veränderungen im eigenen

Inneren hervorrufen und eine neue, gesündere Ausrichtung bewirken. Die jeweiligen Symbole und deren Bedeutung unterliegen immer der Eigeninterpretation, sie sagen jedem Menschen etwas anderes.
Der erste Teil des Buches macht Sie mit der Methode der Phantasiereisen bekannt und erzählt Ihnen auch ein wenig über die Hypnose und das innere Reisen. Im zweiten Teil steigen wir tiefer in das Prinzip des Positiven Denkens ein und beleuchten die Hintergründe des Phänomens, dass wir sind, was wir glauben. Im dritten Teil des Buches finden Sie die praktische Seite der Phantasiereisen. Sie erfahren, wie ein professioneller Hypnotiseur damit arbeitet, vor allem aber auch, wie Sie selbst bei sich zu Hause die Phantasiereisen anwenden können – zum einen, indem Sie die Angebote des Buches nutzen, zum anderen, indem Sie Ihre eigenen Reisen entwickeln.
Diesem Teil folgt ein Kapitel mit einer ganzen Reihe von Phantasiereisen, die Menschen aus meinem Umfeld auf ihrem Lebensweg sehr geholfen haben. Sie sind nach Themen des Lebens und Beschwerden sortiert und schildern auch immer kurz die Fallgeschichte des Betreffenden. Das alles kann Ihnen helfen, sich in Ihrer Lebenssituation klarer zu orientieren, und es erleichtert Ihnen auch die Auswahl der für Sie passenden Reise. Schon beim Lesen der Beispiele können Sie sich in Ihre Innenwelt hinein entspannen und erleben, wie Bilder und Gefühle auftauchen. Lassen Sie sich einfach (ver-)führen. Vielleicht möchten Sie aber lieber nur zuhören und dadurch noch tiefer in die Welt der Reise einsinken? Dann können Sie eine Phantasiereise auf der beiliegenden CD abspielen und sich ganz den Worten und Ihren inneren Bildern hingeben.
Ein abschließendes Kapitel möchte Sie mit ein paar der grundlegenden Lebensprinzipien vertraut machen, die mir auf meinem Lebensweg und in der Arbeit mit den Phantasiereisen immer wichtiger geworden sind. Sie können in gewisser Weise einen Rahmen für Ihren Weg des Phantasiereisens bilden. Für mich und viele andere hat sich die Kraft des Positiven Denkens mit dem Werkzeug der Phantasie und den hypnotischen Techniken auf eine höchst sinnvolle Weise zusammengefunden, um ein tauglicher Reiseführer für die Entdeckung der ganz persönlichen Welt zu werden. In diesem Sinne wünsche ich auch Ihnen spannende und bereichernde Reisen.

Thomas Niklas Panholzer

Phantasiereisen –
ein therapeutischer Weg

Phantasiereisen – so alt wie die Menschheit

Seit der Mensch das Instrumentarium der Sprache beherrscht, gibt es Geschichten. Und seit es Geschichten gibt, gibt es Phantasiereisen. In ihnen hat sich der unermessliche Erfahrungsschatz der Menschen überliefert. Genau betrachtet ist der Werdegang der Menschheit ohne erzählte Geschichten gar nicht vorstellbar. Beim Lagerfeuer, später auf den Märkten und bis heute in Theatern oder Lesestunden der Buchhandlungen und manchmal auch in Wirtshäusern wurde und wird erzählt. Den Anwesenden prägt sich dabei ein bestimmtes Bild der Welt mit den dazugehörigen Gefühlen tief ins Unterbewusstsein ein.

Gute-Nacht-Geschichten

Auch die Weitergabe des Erfahrungsreichtums an den menschlichen Nachwuchs erfolgt bis zum heutigen Tag über das Geschichtenerzählen. Eine spezielle Form der Erzählung – die Gute-Nacht-Geschichte – hat sich trotz aller modernen Einflüsse als ein beliebtes Ritual erhalten. Und sie ist der Phantasiereise, wie ich Sie Ihnen vorstellen möchte, recht verwandt: Sie vermitteln ein angenehmes, positives Gefühl, das sich tief in die Sphären des Unterbewusstseins eingräbt. Deswegen werden diese Geschichten ja vor der Nacht erzählt, um dem Kind für diese Zeit des Dunkels einen nützlichen Begleiter mitzugeben. Die Phantasiereisen hingegen bedienen sich einer Trance oder zumindest eines Entspannungszustandes, und so können auch sie tiefer in unser Wesen sinken und dort wirken.

Die wunderbaren Gaben, die wir unserem Nachwuchs mit Gute-Nacht-Geschichten zuteil werden lassen, verblassen, sobald Logik und Sachverstand unser Leben zu beherrschen beginnen, also meist schon mit dem Schuleintritt. Wir Erwachsenen haben dann oft gar keinen Zugang mehr zu diesen Welten der Phantasie und der symbolträchtigen Bilder. Das aber lässt sich ändern, und es ist gar nicht so schwierig.

Erfinden Sie Ihre Geschichte für die Nacht

Wie wäre es, wenn Sie sich am Abend vor dem Schlafengehen eine Geschichte ausdenken, in der der morgige Tag einfach gelingt? Damit

erzählen Sie sich selbst Ihre eigene Gute-Nacht-Geschichte. Legen Sie sich ins Bett und sehen Sie in Ihrer Vorstellung, wie Sie am nächsten Morgen erfrischt und entspannt aufwachen, freudig in den Tag starten und wie Sie am Abend dann mit sich und der Welt vollkommen zufrieden sind. Probieren Sie es aus und Sie haben bereits eine Phantasiereise erlebt, die Ihnen hilft, den morgigen Tag positiv zu gestalten.
Um wirklich Bilder vor das innere Auge zu bekommen, bedarf es in erster Linie der inneren Ruhe. Wenn Sie damit Schwierigkeiten haben, helfen lang bewährte und völlig ungefährliche Entspannungstechniken, wie sie in der (Selbst-)Hypnose, aber auch beim autogenen Training Anwendung finden. In den folgenden Kapiteln werden Sie auch zur Entspannung etwas mehr erfahren.

Kleine und große Probleme – und die Lösung

Wie oft erscheint uns das Leben schwer, voller Gefahren, Ungerechtigkeiten und Unliebsamkeiten! Wenn man es genauer betrachtet, wird man aber dahinterkommen, dass viele dieser Probleme regelrecht selbstgemacht sind: nämlich durch die Art und Weise, wie wir denken. Manchmal sind so genannte Lebenswahrheiten, Glaubensgrundsätze oder Überzeugungen so tief in uns eingebrannt, dass es schwierig ist, sie auch nur zu finden, zu überdenken, geschweige denn sie umzugestalten. Wenn jemand glaubt, dass ihn niemand leiden kann, dann wird er mit einer Ausstrahlung herumlaufen, die genau das bewirkt, was er glaubt: Er wird ausgegrenzt, ignoriert oder beschimpft werden. Seine innere »Wahrheit« hat sich dann erfüllt und damit scheint für den Betreffenden bewiesen, dass seine tiefe Überzeugung wahr ist.
Es ist zu befürchten, dass es in Ihrem Leben nicht besonders farbenprächtig zugeht, wenn Sie glauben, dass Sie ...

... ohnehin nichts können
... nichts wert sind
... sowieso immer Pech haben
... eine schwere Kindheit gehabt haben und Ihr Leben deswegen eine Pleite sein *muss*.

Raus aus diesem Elend

Die gute Nachricht ist: Sie können jeden Tag darüber entscheiden, ob Sie so trübe denken und in der Folge ein recht tristes Dasein führen möchten. Wenn die Abwehrmechanismen Ihrer Glaubensgrundsätze auch sehr hart sein mögen, so sind sie doch verrückbar. Es lässt sich leicht ausprobieren: Stellen Sie sich einfach die Situation so vor, wie Sie sie gern haben möchten. Tun Sie in Gedanken so, als ob sie schon real wäre. Kommen Ihnen dabei Gedanken, die Sie vom traurigen Gegenteil überzeugen wollen, nehmen Sie sie dankbar an und lassen sie wie Wolken weiterziehen. Es sind nur Gedanken, und Gedanken können Sie verändern. Jeden Tag, wann immer Sie es wollen. Es gibt eine richtige Zauberformel, die Sie sich so oft wie möglich, innerlich oder laut, sagen können: »Ich bin nun bereit, mich grundlegend zu verändern.« Ebenso funktioniert: »Ich lasse alte Gedanken hinter mir.«

Immer zu wenig Geld?

Hier ein kleines Beispiel zum leichteren Einstieg in eine Welt, die wir später noch sehr genau untersuchen werden. Ein Mann, nennen wir ihn Igor, denkt tagtäglich: »Ich habe immer zu wenig Geld« oder »Am Ende des Geldes ist immer noch so viel Monat übrig.« Natürlich sieht sein Leben, Sie ahnen es schon, genauso aus: Er hat nie genug Geld. Sein Therapeut empfiehlt ihm ein neues Glaubensmuster: »Ich habe immer ausreichend Geld.«

Igor geht nach Hause und möchte es vor dem Schlafengehen anwenden, er vergisst es aber – der erste Abwehrmechanismus des alten Gedankenmusters. Igor wacht morgens auf und ärgert sich kurz über seine Vergesslichkeit, gibt ihr aber keine große Bedeutung und sagt sich zehn Mal hintereinander seine neue Zauberformel vor. Bald kommt ein Gedanke des Weges: »He, glaubst du das wirklich? Sieh dein Leben an, war es jemals anders?« Igor verfolgt den Gedanken, er sieht all die Situationen, die damit im Zusammenhang stehen, vor sich, er kann nahezu spüren, wie er sich fühlt, wenn er in der zweiten Monatshälfte kaum noch Geld hat – der zweite Abwehrversuch des alten Gedankenmusters. Zweifel aber sind ein verlässliches Zeichen für den richtigen Weg! Igor erkennt das, er erschrickt ein wenig und lässt den Gedanken ziehen. Er spricht die Affirmationen zu Ende.

Unter der Dusche kommen ihm neue Gedanken: »Das mit dem Spruch, glaubst du das wirklich?« und »Das klappt doch ohnehin nur bei den anderen. Du warst doch immer schon vom Leben benachteiligt.« Igor wird unsicher und als er am Abend seine Affirmationen sagen will, zieht der Abwehrmechanismus alle Register: »Du machst dich doch lächerlich mit dem mentalen Gequatsche!« So schießt es ihm durch den Kopf. Igor kehrt – etwas irritiert – zur Ausgangslage zurück und beginnt von vorn: einfach immer nur den positiv formulierten Satz sagen.
Mit jedem Tag wird der Widerstand des alten Gedankenmusters geringer. Bis er schließlich nicht mehr auftaucht und durch den neuen Glaubenssatz, genügend Geld zu haben, ersetzt wird. Mit jedem Tag, an dem Igor übt, wird sein Vorstellungsvermögen klarer und nach und nach tauchen neben den sichtbaren Bildern auch Empfindungen, die mit dem neuen Gedankenmuster einhergehen, auf. Beim Weg zur Arbeit huscht Igor ein Gedanke durch den Sinn: Er könnte doch seinen Vorgesetzten wegen einer Lohnerhöhung fragen. Der Firma geht es gut und es wäre wieder einmal an der Zeit, dass sich etwas in dieser Richtung tut. Ein kurzer Gedanke der Skepsis schleicht sich hinzu. Doch Igor erkennt darin deutlich die letzten Reste seines alten Gedankenmusters. Er lässt diesen Zweifel seiner Wege gehen und denkt über die notwendigen Argumente für das Gespräch mit dem Chef nach. Gut gerüstet vereinbart er schließlich einen Termin mit seinem Vorgesetzten. Igor hat jetzt eine reale Chance, zu mehr Geld zu kommen, die ihm sein altes Gedankenmuster bisher erfolgreich verwehrte. Er fühlt die tiefe Gewissheit, dass sein Chef die Anfrage positiv aufnehmen wird.

Innere Bilder malen

Es wäre vermutlich trotz der Erkenntnisse, dass dieses Positive Denken wirkt, sehr schwierig, sein Leben in gute Bahnen zu lenken und sich von alten, unnützen Verhaltensmustern zu lösen, hätten wir da nicht ein tolles Geschenk in unsere Wiege gelegt bekommen: die Phantasie. Sie ist unauslöschlich in jedem von uns vorhanden. Möglicherweise haben wir sie im Laufe des Lebens mit scheinbaren Realitäten zugeschüttet, aber unter dieser Schicht ist sie in jedem Fall vorhanden, und sie leuchtet – wenn man nur ein bisschen gräbt – schon bald hell hervor.

Die Phantasie ist ein unschätzbares Werkzeug, um sein Leben immer wieder neu zu erfinden und es mit frischer Farbe zu bereichern. Mit ihrer Hilfe können wir uns ausmalen, wie schön das Leben in allen Bereichen sein kann – und sein wird, wenn wir bei diesen farbenprächtigen Bildern bleiben. Indem ich die Grundlagen des Positiven Denkens (siehe nächstes Kapitel) mit der Kraft der Phantasie und Hypnosetechniken verband, kam ich zu den Hypnotischen Phantasiereisen: Sie zeichnen positive Bilder und Szenen, die das Leben so zeigen, wie man es gern empfinden möchte. Damit helfen sie, alte verkrustete Muster aufzuweichen und zu lösen – und schaffen Platz für das Neue, so bunt und schön, wie man es auf der Phantasiereise mit allen Sinnen erfährt.

Das Werkzeug zum Glück – die Phantasie

Die Phantasie ist eine Gabe, die jeder Mensch in sich trägt. Ob die Verteilung dieser Gabe gleichmäßig erfolgt, kann nach heutigem Wissensstand nicht überprüft werden. Was jedoch feststeht, ist, dass der Phantasiereichtum immer größer wird, je öfter Sie ihn benutzen. Damit ist es auch gar nicht mehr so wichtig, wie viel Sie davon in die Wiege gelegt bekamen. Wichtig ist einzig und allein, dass Sie Gebrauch davon machen. Hier gilt die Lebensweisheit: *Use it or loose it*, »Benutze oder verliere es«. Allerdings ist es nicht ganz so wörtlich zu nehmen, da die Phantasie eigentlich niemandem nachhaltig abhandenkommt – aber sie kann sich tief vergraben und dann nur schwer wieder zu finden sein.

Verstandesmuster

In der Phantasie ist es möglich, sich Dinge vorzustellen, die nicht real sind. Oder besser: die unser Verstand nicht als real anerkennt. Der Verstand nutzt gewisse Muster zur Prüfung, ob er etwas für real oder unreal beziehungsweise für richtig oder falsch halten sollte. Dies ist auch gut und notwendig, da wir diese Kategorisierung für unser tägliches Überleben brauchen. Womit sich unser Verstand sehr schwertut, ist, die Muster oder Vorlagen für seine Überprüfungsarbeit ab und zu auf ihre Sinnhaftigkeit hin zu untersuchen. Auch das ist erst einmal gut so. Denn stellen Sie sich vor, Sie fahren auf eine rote Ampel zu und beginnen das Muster: »Bei Rot muss man stehen bleiben« zu hinterfragen. Unfälle oder zumindest Staus wären die Folge. Es ist in Mitteleuropa eben üblich und eine Regel des Straßenverkehrs, bei einer roten Ampel anzuhalten.

Vier Flugstunden entfernt, in irgendeiner ägyptischen Metropole existiert ein völlig anderes Muster. Hier wäre das Anhalten bei einer roten Ampel wahrscheinlich mit einem schweren Unfall verbunden. Hier gibt es zwar vielleicht ein Vielfaches an Einwohnern im Vergleich zu einer durchschnittlichen mitteleuropäischen Großstadt, aber nur eine Handvoll Ampeln, die – wollte man es sehr positiv formulieren – eher einer Empfehlung als einer Verpflichtung gleichen. Kurz und knapp: Niemand hier schenkt einer Ampel auch nur die geringste Bedeutung, man achtet vielmehr auf alle kleinen und großen Fahrzeuge, Ochsenkarren, Eselfuhrwerke und Fußgänger, die sich bunt gemischt und scheinbar wie eine wirre Masse fortbewegen. Wenn Sie diese andere Welt nicht kennen, werden Sie sich vielleicht fragen, ob der Verkehr dort überhaupt funktionieren kann. Die Antwort ist eindeutig ja, es funktioniert, nur eben nach völlig anderen Regeln als in Mitteleuropa.

An diesem Beispiel lässt sich erkennen, wie unterschiedliche Verstandesmuster installiert werden, um ein Problem zu lösen – in diesem Fall den reibungslosen Straßenverkehr zu ermöglichen. Weder in Ägypten noch in Mitteleuropa wird das Muster ernsthaft hinterfragt. Beide, so gegensätzlich sie auch sein mögen, funktionieren. Jedes der beiden Systeme belächelt bis verspottet das jeweils andere als unrichtig. Während der typische Mitteleuropäer das Verkehrssystem in Ägypten als Chaos bezeichnen würde, so würde der klassische Ägypter vermutlich den Mitteleuropäer bemitleiden, weil dieser offensichtlich unter dem Zwang leidet, vor jedem roten Licht stehen zu bleiben.

Muster hinterfragen

Im Grunde haben wir uns für jede Lebenslage irgendwann ein Verstandesmuster zurechtgezimmert. Manche sind individuell und andere – wie das der Ampel – gelten für größere Gruppen von Menschen. Alle diese Muster haben ihre Berechtigung in bestimmten Situationen. Aber das Leben geht weiter – und viele Muster, die wir vielleicht in der Kindheit

erlernten oder uns in einer bestimmten Lebensphase zurechtlegten, werden unreflektiert weiter benutzt, obwohl sie uns unter Umständen schon längst mehr schaden als nutzen. Dann bleibt jemand wie der genannte Igor so lange arm, wie er den Glaubenssatz hegt, sein Dasein eben leider mit stetig knappen Mitteln fristen zu müssen. Solange die tiefer liegenden Gedanken sich nicht ändern, kann sich auch an den äußeren Umständen nichts ändern.
Ist ein Verstandesmuster einmal etabliert und wird seit Jahren danach gelebt, ist es nicht so ohne weiteres möglich, es wieder loszuwerden. Manche Menschen müssen Dutzende von Niederlagen erfahren, um die unbewussten Glaubenssätze endlich ans Licht zu holen und auf ihre Stimmigkeit zu überprüfen. Wird nun ein Verstandesmuster als nicht mehr nützlich erkannt, dann braucht es Kreativität und Mut, um den Umgang mit diesem Thema zu ändern. Aber zum Glück kommt uns hier genau der mächtige Wirkstoff zu Hilfe, der Sie durch das ganze Buch – und dann hoffentlich auch durch Ihr weiteres Leben – begleiten wird: die Phantasie. Sie ermöglicht es uns, aus alten unnützen Verstandesmustern auszubrechen und uns mit unserem Vorstellungsvermögen ein neues Lösungsmuster zu schaffen – so reich und prächtig, freundlich und euphorisch, wie wir es mit unseren inneren Bildern erschaffen können.

Tages- und Nachtbewusstsein

Um in den Bereich der Phantasie vorzudringen, um diese Gabe zu aktivieren und für die Lebensgestaltung nutzbar zu machen, müssen wir uns tiefer mit der Struktur des menschlichen Geistes beschäftigen. Genauer gesagt mit Bewusstsein und Unterbewusstsein, die ich gern Tages- und Nachtbewusstsein nenne. Beide sind permanent aktiv. Allerdings hat das Tagesbewusstsein die Vorherrschaft, während der Mensch wach ist, und das Nachtbewusstsein, wenn der Mensch schläft.

Das Tagesbewusstsein

Das Tagesbewusstsein hat, wie der Name bereits verrät, die Hauptherrschaft im Wachzustand – bei stark nachtaktiven Menschen kann dies durchaus auch die Nacht sein. Es ist einfach die Zeit, in der wir aktiv, wach, also im alltäglichen Bewusstsein sind. Die Hauptaufgabe des Tagesbewusstseins ist es, die gesamten Sinneseindrücke auszuwerten und auf Sinnhaftigkeit zu überprüfen. Dabei muss es auch den unbrauchbaren »Datenmüll« aussortieren, also irgendwo in einer Art Papierkorb ablegen oder löschen.

Die Prüfung auf Sinnhaftigkeit erfolgt grundsätzlich auf zwei Ebenen – der der Logik und der einer Gefühlsanalogie. Auf beiden Ebenen erfolgt zum Schluss die Wichtigkeitsprüfung. Unwichtiges wird ausgeschieden, auf Wichtiges wird entsprechend reagiert. Es bedarf sicher keiner besonderen Erwähnung, dass das, was als wichtig oder unwichtig erachtet wird, von Mensch zu Mensch deutlich verschieden sein kann. Bei der Prüfung auf Logik untersucht das Tagesbewusstsein, ob es ein logisches Muster für das gibt, was uns im Außen begegnet.

Dieses Muster aber muss zuvor immer erst erlernt worden sein. Dann bedeutet zum Beispiel das Klingeln des Mikrowellenherdes, dass das Essen jetzt warm sein dürfte. Auf der emotionalen Ebene könnte beispielsweise bemerkt werden, dass es nach Kohl riecht, man aber keinen Kohl mag.

Das Nachtbewusstsein

Das Unter- oder eben Nachtbewusstsein ist uns nicht so leicht zugänglich wie das Tagesbewusstsein. Es ist ungleich größer, es speichert alles ab, was wir wahrnehmen und erleben. Auch unsere Überzeugungen, die wir teilweise seit der frühesten Kindheit in uns haben, lagern im Nachtbewusstsein. Es beeinflusst unser Leben aus diesem Pool von Informationen und Glaubenssätzen in jedem Moment. Und zumeist merken wir nicht, was es alles so treibt und wie intensiv es uns in unserem Tun bestimmt.

Das Nachtbewusstsein arbeitet unglaublich schnell. Das liegt vor allem daran, dass es keine Prüfungen durchführt. Wird beispielsweise »Vorwärts gehen« gesagt, dann wird bedingungslos »vorwärts gegangen«. Die Prüfung, ob es jetzt das geeignete Tun ist, erfolgte bereits im Tagesbewusstsein.

Darüber hinaus gibt es einige Module, die in besonderen Situationen aufgerufen werden. Eines davon ist das Feuermodul: Wenn das Haus

brennt, schalten wir in den Alarmmodus, ohne noch bewusst zu denken. Dann heißt es einfach »Davonlaufen!« oder »Kinder retten!«. Die enorme Verarbeitungsgeschwindigkeit des Nachtbewusstseins schützt so unser Leben. Auch das Heilen von Wunden gehört hierher. Es erfolgt ganz von selbst, wir brauchen dazu nichts tun. Würden wir in solchen Situationen immer erst denken und bewusst entscheiden müssen, wäre die Menschheit wahrscheinlich schon längst ausgestorben.
Wir lernen aus Erfahrungen, das Gelernte findet dann Eingang ins Nachtbewusstsein, um von dort aus weiterzuwirken. Wird beispielsweise die Erfahrung gemacht, dass man sich an der heißen Herdplatte die Finger verbrennen kann, handelt man danach ein ganzes Leben entsprechend: Man wird keine heiße Herdplatte mehr anfassen, und das völlig unbewusst. Niemand denkt bewusst: »Aha, eine Herdplatte, die könnte heiß sein, da sollte ich nicht hingreifen, sonst verbrenne ich mich.«
Die meisten der einmal abgespeicherten Erfahrungen werden keiner neuerlichen Überprüfung unterzogen, auch wenn sich die Lebensumstände und die eigene Persönlichkeit längst verändert haben. So kann es mitunter vorkommen, dass wir durch eine Erfahrung aus der Kindheit ein Leben lang auf eine Weise gefühlt, gedacht und gehandelt haben, die uns aber gar nicht gut tut. Wir sind dann beispielsweise immer weit hinter unseren intellektuellen Möglichkeiten zurückgeblieben, nur weil vielleicht ein Lehrer damals immer wieder zu uns gesagt hat, dass wir nicht sehr intelligent seien. Wir haben ihm geglaubt, uns entsprechend verhalten und das nie mehr hinterfragt. Genau an diesen Glaubenssätzen, die uns behindern, setzen therapeutische Methoden wie das Positive Denken und auch die Phantasiereisen an. Sie versuchen, einen Zugang zum Unterbewusstsein zu finden, um die ungünstigen oder unwahren Überzeugungen durch solche zu ersetzen, die uns im Leben weiterhelfen.

Der Zugang zum Nachtbewusstsein

Um Veränderungen im Nachtbewusstsein vorzunehmen, müssen wir es natürlich zunächst erst einmal erreichen. Doch zwischen Tages- und Nachtbewusstsein befindet sich ein symbolisches Tor. Wenn sich dieses Tor für uns öffnet, sind wir im Zustand vollkommener Entspannung.

Dann sind uns Tages- und Nachtbewusstsein gleichermaßen zugänglich. Sicher haben Sie das schon einmal erlebt, vielleicht kurz vor dem Einschlafen oder Aufwachen. Sie hörten bewusst Geräusche oder Stimmen und träumten zugleich mit diesen Geräuschen eine eigene Geschichte. Diese folgte keiner Logik, sie war eine Art Traum. Bei den Hypnotischen Phantasiereisen wird genau dieser erstaunliche Zustand angestrebt. Dieses Tor zwischen Tages- und Nachtbewusstsein bietet die wertvolle Möglichkeit, Veränderungen in der Persönlichkeit vorzunehmen.

Nun gibt es aber eine Schwierigkeit: Das Tor wird bewacht, von einem – wie ich ihn nenne – zweiköpfigen Drachenhund. Er sorgt dafür, dass nur der in das Reich des Nachtbewusstseins gelangt, der einen entsprechenden Passierschein nachweisen kann. Will man beim linken Kopf des Drachenhundes vorbei, so muss auf dem Passierschein etwas Logisches stehen. Will man hingegen beim rechten Kopf des Drachenhundes vorbei, so muss der Passierschein ein geeignetes Gefühl hervorrufen.

Es gibt nun mehrere Methoden, zum Nachtbewusstsein zu gelangen. Im Bereich der Selbsthypnose können wir zum Beispiel eine Atemübung machen, durch die unser Drachenhund seine Köpfe entspannt auf den Boden legt, ihm die Augen langsam zufallen und er es so nicht merkt, dass wir das Tor passieren. Eine andere Methode ist die Ablenkung, wie sie oft in der Fremdhypnose eingesetzt wird. Die Aufmerksamkeit des zweiköpfigen Drachenhundes wird einfach auf etwas völlig anderes gelenkt, so dass er es auch auf diese Weise nicht mitbekommt, wenn wir uns ins Unterbewusstsein einschleichen.

Hypnose – alles ist möglich

Bei den Hypnotischen Phantasiereisen wird – wie der Name schon nahelegt – die Hypnose benutzt, um wirklich tiefere Veränderungen in den Glaubensmustern herbeiführen zu können. Viele erschrecken erst einmal, wenn sie das Wort Hypnose hören, da sie es vor allem mit Showeffekten in Verbindung bringen, bei denen sich die Hypnotisierten scheinbar willenlos zum Affen machen.

Aber Hypnose ist nichts weiter als eine Technik, die in Trance führt. Und Trance bezeichnet einen Zustand, in dem – ganz vereinfacht gesagt – der Zugang zum Nachtbewusstsein offen ist. Daher ist es in einem hypnotisierten Zustand möglich, die Steuerung des Unterbewusstseins zu verändern, also Glaubenssätze und alte, aber für das Leben des Betreffenden inzwischen ungünstige Muster aufzulösen und durch geeignete neue zu ersetzen. Und genau das ist ja auch der erwünschte Effekt der Phantasiereisen.

Selbst- und Fremdhypnose

Man unterscheidet zwischen Selbst- und Fremdhypnose. Die Fähigkeit, sich selbst in die Trance zu führen, hat jeder Mensch. Sie ist gewissermaßen angeboren und beinahe jeder hat diese besondere Form der Bewusstheit auch schon erlebt, beispielsweise beim Tagträumen. Wenn man, wie man in Wien sagen würde, »ins Narrenkastel schaut«, wird die gesamte Aufmerksamkeit auf einen bestimmten Punkt gerichtet. Die Augen fixieren etwas im Raum so lange, bis es verschwimmt. Der Geist ist derweil auf ein bestimmtes Thema fokussiert, das er mit allerhöchster Aufmerksamkeit und ohne jede Ablenkung betrachtet. Nun können gleichermaßen Bilder oder Worte dazu auftauchen. Der Zugang zum Nachtbewusstsein ist in einem solchen Zustand weit offen, es ist bereit für den Empfang von Programmierungen und Befehlen.

Bei der Fremdhypnose hingegen nutzt ein Hypnotiseur bestimmte Techniken, um seinen Klienten an die Quellen des Unterbewusstseins zu führen. Weit verbreitet ist hier die Fixiermethode, bei der ein Punkt, zum Beispiel die Spitze eines Kugelschreibers, eine kleine LED-Lampe oder ein schwingendes Pendel, fixiert wird, bis die Augen ermüden und schlussendlich zufallen. Danach werden mit Worten Entspannung und eine weitere Vertiefung der Trance suggeriert (siehe auch ab Seite 42).

Suggestionen und der tiefere Wandel im Unterbewusstsein

Im Zustand der beschriebenen Hypnose ist das Tagesbewusstsein des Betreffenden noch vorhanden, zugleich ist aber der Kanal zum Unterbewusstsein weit geöffnet. Nur dadurch lassen sich die erstaunlichen Effekte erzielen, für die man die Hypnose anwendet. Im Zustand der Trance kann ein Hypnotiseur oder der Betreffende selbst Suggestionen formulieren, die tief in das Nachtbewusstsein eindringen. Dann entstehen geistige Bilder und Empfindungen, die in der Folge wie von selbst in den Alltag übernommen werden können, da sie von dieser tiefen Ebene aus wirken. Waren diese Bilder beispielsweise von Freundlichkeit, Tatkraft und Leichtigkeit geprägt, können sich diese Zustände nach einer Zeit auch im Gemüt des Menschen verstärkt zeigen. Und von dort aus wird sich das Leben des Betreffenden zwangsläufig anders, besser, gestalten.

Bereits beim Lesen eines Buches kann man in eine leichte bis mittlere Trance kommen. Oft kann es hierbei passieren, dass man tief in die Geschichte einsinkt und rundherum nichts mehr (bewusst) wahrnimmt. Auf dieser Basis der höchsten Konzentration wirken auch die Phantasiereisen. Die Effekte werden hierbei noch verstärkt, indem man die Reisen stets mit entspannenden Einleitungssuggestionen gestaltet wie zum Beispiel: »Du nimmst deinen Atem deutlich wahr, du atmest ein, du atmest aus.« Erst wenn die Ruhe erreicht ist, beginnt die eigentliche Reise zu den inneren Bildern und Empfindungen. Und dann kann sich das ganze Leben grundlegend zum Positiven hin verändern – hin zu Erfolg, Gesundheit, Lebensfreude und allem, was Sie sich wünschen!

Unsere Gedanken
sind eine Macht

Das Phänomen der Gedankenkraft

Gedanken sind messbare physische Energie. Jeder, der schon einmal eine EEG-Untersuchung hinter sich gebracht hat, konnte das eindrucksvoll nachvollziehen. Energie hat die Tendenz, sich ständig umzuwandeln und körperlichen Ausdruck zu suchen. Bei Künstlern, wie zum Beispiel einem Maler oder Bildhauer, wird rasch sichtbar, welche Vorstellungen seine Gedanken beherrschen. Schnell findet diese Energie körperlichen Ausdruck und es entsteht vor unseren Augen etwas, was vorher noch nicht da gewesen ist.

Alles, was ist, wurde zuvor gedacht

Gehen wir gedanklich zum Anbeginn der Menschheit zurück und verfolgen wir die Geschichte durch die Jahrtausende, so können wir feststellen, dass alles, was sich der Mensch geschaffen hat, zuerst als Gedanke existierte und erst in der Folge einen physischen Ausdruck fand. Daraus lässt sich ein wesentliches Gesetz ableiten, nämlich dass zuerst der Gedanke da ist und dann seine körperliche Umsetzung folgt. Das heißt aber auch ganz klar für jeden Einzelnen heute, dass wir nicht so und so denken, weil wir so und so sind. Nein, wir sind so, wie wir sind, weil wir so denken, wie wir eben denken.
Höchst simpel? In der Tat. Daraus lassen sich weitere Gesetzmäßigkeiten ableiten: Vorstellungen und Ideen haben die Tendenz, äußere Bedingungen zu erzeugen, die diesen Vorstellungen entsprechen. Jede Idee ist gewissermaßen eine beginnende Tat. Das bedeutet, dass wir es in unserem Leben eigentlich nur mit Gedanken zu tun haben. Und Gedanken sind veränderbar. Mit etwas Training sollte es für jeden möglich sein, seine Gedanken nach seinen eigenen Vorstellungen zu steuern und mit Aufmerksamkeit – also mit Energie – zu »beseelen«. Schauen wir uns die Wirkungsweise der Gedanken in einem weniger günstigen Fall an.

Das Geheimnis des Hypochonders

Der Macht der »Einbildung« sind praktisch keine Grenzen gesetzt. Besonders bekannt ist in dieser Hinsicht das Phänomen des Hypochonders oder eingebildeten Kranken, wie er im Volksmund etwas unlieb bezeichnet wird. Er schenkt seinen körperlichen Reaktionen – wie einem Glucksen im Magen – so lange seine von Furcht gefärbte Aufmerksamkeit und ausreichend Vorstellungsvermögen, bis tatsächlich Krankheiten in der entsprechenden Körperregion auftreten. Sehen wir aber ein wenig genauer hin, können wir von einem Hypochonder eine Menge lernen.

Der klassische Hypochonder leidet unter der Angst vor meist schlimmen Krankheiten. Diese Angst wird so lange gepflegt, bis sich tatsächlich gesundheitliche Störungen zeigen. Der Alltag des Hypochonders ist beherrscht von der Sorge um seine Gesundheit. Er lauscht unentwegt in sich hinein, registriert die kleinste körperliche Auffälligkeit und in seiner Vorstellung sieht er sich bereits schmerzverzerrt als dahinsiechenden Kranken. Für gewöhnlich zeichnet sich sein Leben durch häufige Arztbesuche – »Doktor-Hopping« – und durch Einnahme vieler verschiedener Medikamente aus. Das Plakat vor einer Apotheke »Schützen Sie sich jetzt vor der Grippewelle« erhöht mit Sicherheit den Blutdruck des Hypochonders – und den Umsatz der Apotheke. Ein kleiner Witz zeigt das ganze Drama eines solchen Menschen. Die Krankenschwester sagt zum Arzt: »Der Hypochonder aus dem ersten Stock ist gestorben.« Der Arzt entgegnet: »Jetzt übertreibt er aber!« Es nimmt ihn einfach kaum noch jemand ernst, diesen eingebildeten Kranken.

Was denkt der Hypochonder eigentlich, wo wir doch bei der Macht der Gedanken sind? Beim Aufstehen könnte ein Körpersignal, zum Beispiel das genannte Glucksen im Magen, folgende Gedankenkette in ihm auslösen: »Mein Magen! Sicherlich ist das eine Gastritis, so muss sich das doch anfühlen. Oder vielleicht etwas anderes. Ich muss sofort zum Arzt oder vielleicht gehe ich besser gleich ins Krankenhaus, denn das muss sicher operiert werden, vielleicht ist es ja auch ein Magengeschwür und ich sollte nicht zu lange warten. Wer weiß, was sich da innerhalb von Stunden noch daraus entwickeln könnte ...«

Was hier vielleicht etwas überzogen klingt, ist grausamer Alltag eines Hypochonders. In ihm haben sich Angstzustände verselbstständigt und Glaubensgrundsätze erzeugt, die sich letzten Endes in »echten« körperlichen Erkrankungen niederschlagen können.

Wie aber wäre es mit eingebildeter Gesundheit?

Was können wir vom Hypochonder lernen? Beachtenswert ist, was der Arzt und Dichter Ernst von Feuchtersleben (1806–1849) hierzu sinngemäß meinte: Wenn es eingebildete Kranke gibt, muss es doch auch eingebildete Gesunde geben. Das klingt für mich äußerst nachvollziehbar. Wenn wir also das Tun und Denken eines Hypochonders betrachten und es ins Positive umkehren, können wir doch sicherlich lebenslange Gesundheit erreichen. Dann dürften uns keine Türen verschlossen bleiben. Selbst Fundamentalisten der Schulmedizin wissen, dass positiv denkende Menschen wesentlich seltener erkranken als Pessimisten, und wenn dies geschieht, genesen sie deutlich schneller.

Nun könnten wir also daran arbeiten, zu »eingebildeten Gesunden« zu werden. Wir könnten uns täglich gebetsmühlenartig vorsagen: »Ich bin vollkommen gesund« und »Es geht mir in jeder Hinsicht von Tag zu Tag besser.« Viele Ratgeber des Positiven Denkens empfehlen das und viele Menschen praktizieren es. Es hat bei Unzähligen wahre Wunder bewirkt. Wichtig ist dabei, dass diese Affirmationen immer in der Gegenwartsform und als Feststellung formuliert werden, so als ob die Gesundheit bereits eingetreten wäre. Denn die Formulierung »Ich will vollkommen gesund sein« bedeutet ja nichts anderes, als dass man eben nicht gesund ist. Und das Unterbewusstsein tendiert, wie wir gesehen haben, dazu, die eingebildeten Vorstellungen umzusetzen. Der eingebildete Kranke sagt nicht »Ich will krank sein«, sondern »Ich bin krank«.

Innere Bilder der Gesundheit

Noch etwas können wir uns vom Hypochonder abschauen: Während er so seine Tagesgebete spricht – »Ich bin krank«, »Ich muss schnell operiert werden«, »Das ist wahrscheinlich nicht heilbar« –, stellt er sich vor, wie er im Krankenzimmer oder auf dem Operationstisch liegt, wie er sein Leben als einsamer Kranker verbringen muss, wie ihn die Schmerzen und die Arbeitsunfähigkeit quälen. Auch das kann man sich zunutze machen – unter umgekehrtem Vorzeichen selbstverständlich!

Wir können uns bei unseren Gesundheitsaffirmationen in vollkommener Gesundheit beim Sport, beim Tanzen, beim Feiern oder einer anderen

Tätigkeit, die uns Freude bereitet, vorstellen. Es kann hilfreich sein, wenn wir vor uns sehen, wie unsere Freunde und Bekannten und/oder die Familie uns für unser jugendliches Aussehen und die immerwährende Gesundheit und Kraft bewundern. Das klappt vielleicht nicht sofort, die früheren, nicht so guten Gedanken melden sich immer mal wieder. Das Wichtigste ist, dranzubleiben. Das tut der Hypochonder schließlich auch.
Machen wir nun im Geiste einige Schritte zurück, so können wir leicht erkennen, dass der Glaube an die Krankheit den Hypochonder krank macht. So ist es umgekehrt auch möglich, dass der Glaube an die Gesundheit und an das Wohlbefinden gesund macht. Entscheidend dabei ist die Überzeugung. Die gute Nachricht ist: Jede Überzeugung und jeder Glaubensgrundsatz kann, wann immer Sie es möchten, geändert werden. Und wenn Sie jetzt glauben, dass Sie ja aber an gar nichts glauben, dann glauben Sie zumindest daran.

Wie unsere Überzeugungen unser Leben bestimmen

Vielleicht haben Sie sich schon einmal gefragt, was Sie als Mensch ausmacht, wo Ihre Lebenseinstellungen herkommen. Vereinfacht könnte man sagen, dass jeder Mensch das ist, was seine Einstellungen zum Leben und die Summe seiner Erfahrungen ausmacht. Aber welche Erfahrungen gemacht werden, hängt wiederum wesentlich von der Einstellung und der damit verbundenen Erwartungshaltung ab und davon, wie die Geschehnisse interpretiert werden. So betrachtet führt diese – scheinbare – Bestätigung der Erwartungshaltung zu einer Festigung der eigenen Überzeugung. Die Psychologen nennen dieses Phänomen sich selbst erfüllende Prophezeiungen.
Im Positiven Denken wird diese Gesetzmäßigkeit bewusst verwendet, um durch positive Suggestionen – also Formulierungen, die ein positives Weltbild in sich tragen – zu einer förderlichen Einstellung zu kommen. Allein durch das Nutzen von positiven Suggestionen steigen nachweislich Lebensfreude und Lebenskraft. »Du sagst, was du bist, und du wirst, was du sagst«, so lautet ein Gesetz des Geistes. Bei Best-

sellerautoren wie Esther und Jerry Hicks oder Rhonda Byrne wird vom Gesetz der Anziehung gesprochen: Wir ziehen das in unser Leben, was wir ausstrahlen, also auch das, was wir denken und fühlen.

Die gläubigen Ungläubigen

Wir sind alle Gläubige. Ja, ausnahmslos alle. Selbst diejenigen, die sich, meist im religiösen Sinne, als Ungläubige bezeichnen, glauben zumindest, dass es nichts gibt, woran sie glauben könnten. Generell scheint es heute für viele Menschen schwierig geworden zu sein, religiös zu glauben. Das berührt aber nicht unsere *Fähigkeit* zu glauben. Wir Menschen unterscheiden uns nicht zuletzt dadurch von Tier und Pflanze, dass wir glauben können. Doch nicht nur das. Alles, woran wir glauben, hat vollkommene Realität in unserem Leben. Glauben wir beispielsweise, dass wir zu nichts taugen, so wird sich das in unserem Leben immer und immer wieder bestätigen. Das Schöne daran ist aber, dass wir glauben können, was wir wollen. Es kann Ihr ganzes Leben verändern, wenn Sie sich dieser Tatsache bewusst werden. Es lohnt sich also, das eigene Leben nach Glaubensgrundsätzen und Überzeugungen zu durchforsten, sie zu überprüfen und dann gegebenenfalls aktiv umzugestalten.

Was glauben Sie wirklich?

Es ist in der Tat gar nicht so einfach, zu seinen wirklichen Glaubensgrundsätzen vorzudringen. Sie sind uns einfach derart selbstverständlich, dass wir kaum mal einen Blick »von außen« auf sie erhaschen. Dennoch lassen sie sich ausfindig machen.

Am einfachsten können Sie Ihre Überzeugungen aufspüren, indem Sie nach Formulierungen suchen, die Sie immer wieder verwenden. Charakteristisch für die gesuchten Sätze ist, dass sie stets absolut formuliert sind und die Gegenwartsform verwenden, wie zum Beispiel: »Ich kann am Morgen nichts essen, da wird mir sofort schlecht« oder »Wenn ich vor einer Menge von Leuten sprechen muss, beginne ich zu stottern und zu schwitzen.« Das sind nur sehr simple Beispiele, aus diesen Sätzen leiten sich vielleicht keine Lebenskrisen her. Doch wenn Sie weiter erforschen, was Sie so denken, was Sie aufregt und ärgert, was Sie anderen von sich erzählen, werden Sie interessante Entdeckungen machen und sich selbst immer besser kennen lernen. Und dabei werden Sie schnell merken, welche Gedankenmuster Sie im Leben behindern.

Wo kommen diese ungünstigen Gedankenmuster her?

Alle Menschen und auch Gruppen von Menschen und die ganze Gesellschaft tragen mehr oder weniger starre Glaubenssätze in sich. Das führt natürlich dazu, dass sie als »Wahrheiten« immer weitergegeben werden. Was niemand hinterfragt, bleibt bestehen. Oftmals werden Glaubensgrundsätze bereits in das weiße und unbeschriebene Seelenleben eines Kindes »hineingemeißelt«.
Kleine Kinder entdecken die Welt und bauen sich ihre Auffassung davon erst auf. Und natürlich nutzen sie dafür als Grundlage all das, was ihnen ihre Eltern zeigen, sagen und vorleben. Sie hinterfragen es nicht, sie nehmen es als richtig hin, auch wenn es sich oftmals gar nicht gut anfühlt. Gerade wenn Kinder ganz in ihr Spiel versunken sind, sind sie weit offen für Suggestionen. Sätze wie »Du bist faul, du räumst nie dein Zimmer auf« prägen sich dann besonders tief in ihr Nachtbewusstsein ein. Sie werden als wahr akzeptiert und können in der Folge dazu führen, dass das Kind zu einem unordentlichen und sich als faul einschätzenden Erwachsenen heranwächst.
Auch wenn Kinder sich weh tun, ist ihr Drachenhund mit der Verletzung beschäftigt. Es ist daher besonders offen für das, was Eltern ihm dann sagen. Heißt es »Indianer kennen keinen Schmerz« oder »Es ist schon gut«, könnte das dazu führen, dass Körpersignale künftig gering geschätzt und überhört werden, da die Eltern sie als unzuverlässig eingestuft haben. Der beste Trost ist daher sicherlich, das Kind in die Arme zu nehmen und Verständnis für den momentanen Schmerz zu signalisieren.

Was ist eigentlich wahr?

Bei all diesen Ausführungen kommen wir schnell zu der beunruhigenden Frage, was denn überhaupt wahr ist. Viele Philosophen, Weise und Religionsgründer haben sich damit befasst. Zunächst scheint sie sehr einfach zu beantworten zu sein. Wahr sind zum Beispiel die folgenden Aussagen:

Der Mensch braucht ausreichend Platz zum Leben,
sagen wir 100 Quadratmeter pro Kopf.
Der Mensch braucht einen Beruf.
Der Mensch braucht ein Auto, damit er mobil sein kann.
Der Mensch braucht ausreichend Geld.
Der Mensch braucht Familie.

Schon beim Formulieren dieser »ultimativen Wahrheiten« stoße ich aber auf Schwierigkeiten. Würde ich persönlich nur »einen Beruf« haben dürfen, müsste ich noch immer die Pelzmäntel fremder Leute in einem feinen Restaurant aufhängen. Das hat damals Spaß gemacht, aber mittlerweile bin ich froh, dass ich noch anderen Berufungen nachgehen durfte. Vermutlich bedingt durch wenig Platz in der Kindheit, ist mir ein üppiges Raumangebot sehr wichtig geworden. Aber wer kann sich heute schon 100 Quadratmeter pro Nase leisten? Und wem ist das beispielsweise in Indien oder China möglich? Und auch Leute, die kein Auto haben, können glücklich sein. All diese Wahrheiten passen also nicht in ein universelles Konzept. Wie ist es nun aber mit der Wahrheit? Vielleicht sollte man weniger von ultimativen Wahrheiten ausgehen und stattdessen die Existenz von individuellen Wahrheiten akzeptieren. Die zuvor erwähnte ultimative Wahrheit »Der Mensch braucht einen Beruf« ließe sich dann so formulieren: »Ich brauche einen Beruf« oder genauer: »Ich habe Freude an meinem derzeitigen Beruf und bin zugleich froh, dass ich ihn jederzeit, wenn ich möchte, wechseln kann.«

Die Gedanken ins Positive wenden

Einbildung ist auch eine Bildung.
Vielleicht die wichtigste.
Nach einem Sprichwort

Bei allen möglichen Formen des Positiven Denkens und auch bei der Phantasiereise geht es darum, neue Lösungsmuster im Unterbewusstsein zu etablieren. Einfach betrachtet könnte man sagen, dass man sich

das neue angestrebte Lebensmuster schlichtweg einbildet: Man stellt sich eine Lösung so lange vor dem geistigen Auge vor, bis man sie vollständig verinnerlicht hat. Und dann funktioniert es auch schon?
Bei Kindern funktioniert es tatsächlich so. Wenn eine Methode, irgendetwas zu erreichen, nicht klappt, wird eine andere ausprobiert. So lange, bis es klappt. Wenn Sie Kleinkinder beim Versuch, laufen zu lernen, beobachten, können Sie das sehr gut nachvollziehen. Zuerst existiert die Vorstellung des aufrechten Ganges, da ihn ja Mama und Papa schließlich vorleben. Nun geht es mit Phantasie ans Werk: Unentwegt werden so lange neue Methoden und Hilfsmittel aus der Umgebung ausprobiert, bis das Kind schließlich stehen und laufen kann.
Der Vorteil, den Kleinkinder gegenüber Erwachsenen haben, ist sicherlich der, dass ihr Innenleben noch weitgehend frei von Blockaden oder Vorerfahrungen ist. Sie gehen daher ungestüm und voller Lebenslust mit einer genauen Vorstellung auf die neuen Aufgaben zu, bis diese realisiert sind. Dem Erwachsenen hingegen stellen sich bei seinen Vorhaben meist ein paar Blockaden in den Weg.

Die alten Muster überwinden – ein Beispiel

Ich möchte die Gesetzmäßigkeiten des Denkens zum besseren Verständnis mit einem fingierten Beispiel untermauern: Wir benötigen dazu einen Probanden, nennen wir ihn Gerald. Gerald ist Mitte dreißig und mit seinem Leben unzufrieden. Seit seiner Jugend wünscht er sich ein Haus mit einem kleinen Garten. Er sagt sich täglich: »Ach, wenn ich nur ein Haus hätte, dann wäre mein Leben viel schöner …«
Analysieren wir kurz sein Gedankenmuster: Ein Gedanke wie »Ach, hätte ich nur …« bedeutet doch, dass der Gedanke den Wunsch nach einem Haus in sich trägt, aber zugleich konstatiert Gerald, dass kein Haus vorhanden ist. Das Haus *darf* in Geralds Leben nicht einmal vorhanden sein, da seine Existenz diesen Glaubensgrundsatz zerstören würde. Der aber ist tief in Gerald eingeprägt und wird nicht in Frage gestellt. Gerald wiederholt weiter fleißig seinen Satz.
Nun aber erlangt er Kenntnis von der Gesetzmäßigkeit der Gedanken und stellt sich, ähnlich wie ein Künstler, sein vollendetes Werk vor seinem geistigen Auge vor. Er sieht sich, wie er die Tür zu seinem Haus aufsperrt, er sieht sich, wie er in seinem Garten den Rasen mäht und

wie ihn seine Freunde für sein Haus bewundern. Jetzt hat Gerald die richtigen Gedanken, damit sein Wunsch wahr werden kann.
Das Gesetz der Gedanken ist kein Voodoozauber. Gedanken haben nun einmal die Tendenz, sich zu realisieren. Indem Gerald seine Gedanken so nachhaltig verändert und immer wieder die Bilder seines Hauses in sich aufsteigen lässt, können viele wunderbare Dinge passieren. Vielleicht wird er den Job wechseln und mehr Geld verdienen, was ihm in der Folge eine größere Bonität bei der Bank verschafft, die dadurch wiederum die Finanzierung des Hauses ermöglicht. Vielleicht wird Gerald aber auch eine Frau kennen und lieben lernen, die schon ein Haus hat oder auch eines möchte und etwas Geld mitbringt. Es gibt so viele Möglichkeiten.

Abwehrmechanismen

Schauen wir uns genauer an, was sich so alles an Widerständen zeigen könnte, wenn man sein Denken positiv umgestalten will. Wenn Sie beispielsweise versuchen, sich mehrmals täglich zu sagen, dass Sie vollkommen gesund sind, kommen Ihnen vielleicht bald Gedanken wie die folgenden in den Kopf: »Das ist doch nicht wahr! Glaubst du das etwa?« Oder: »Du warst doch schon als Kind immer kränklich.« Oder: »Wenn man älter wird, lässt das mit Kraft und Frische eben nach.«
Man sollte sich von solchen Zweifeln nicht beirren lassen. Betrachten Sie sie in aller Ruhe und lassen Sie sie ruhig weiterziehen. Es ist das Abwehrzentrum »alter Überzeugungen«. Wenn Sie sich Ihre Affirmation täglich mehrmals vorsagen, weichen die Zweifel. Wenn Sie sich generell als einen Zweifler bezeichnen, so können Sie ja auch Ihre negativen Gedanken anzweifeln, oder?
Alle Glaubensgrundsätze verfügen über ein Abwehrzentrum, das dann aktiviert wird, wenn ein neuer Glaubensgrundsatz versucht, seinen Platz einzunehmen. Das ist ganz unabhängig davon, ob dieser neue Grundsatz für das eigene Leben besser und gesünder ist als der alte. Es kann daher zu einer kurzfristigen Anfangsverschlechterung kommen, man hat das Gefühl, dass sich die Symptome oder Schwierigkeiten eher verstärken, das ist völlig normal. Dieser Mechanismus lässt sich sogar nutzen, um zu einer Diagnose zu kommen, von welchen Glaubenssätzen man gesteuert wird: Sagen oder tun Sie etwas Gegenteiliges und

es meldet sich Widerstand, dann können Sie ganz sicher sein, dass Sie den Finger auf der Wunde haben. Wer der Überzeugung ist, dass ihn keiner mag, wird sich zunächst sehr unwohl fühlen, wenn ihn jemand mit ehrlicher Zuwendung zu verwöhnen versucht.
Sie könnten also sogar versuchen, Dankbarkeit für eine Anfangsverschlechterung aufzubringen. Dankbarkeit ist eine Gefühlsregung, die eine verstärkende Wirkung hat. Wenn Sie tief in Ihrem Innersten wissen, dass die Anfangsverschlechterung die einsetzende Heilung ist, spüren Sie schneller und wahrscheinlich auch intensiver die Kraft Ihres neuen Weges. Erahnen Sie die enorme Macht, die Ihnen hier gegeben ist?

Nun mal ganz praktisch

Es werden zigtausende Gedanken in Ihrer Gedankenmaschine produziert, aber nur Sie allein bestimmen, was Sie bewusst denken wollen. Aus Ihren Vorstellungen werden Ihre Gedanken. Aus Ihren Gedanken werden Ihre Handlungen. Aus Ihren Handlungen werden Ihre Gewohnheiten. Und die Gewohnheiten bestimmen das »Wie« in Ihrem Leben. Nehmen Sie sich ein wenig Zeit, um Gedanken zu schaffen, die Ihren Vorstellungen von einem glücklichen und erfüllten Leben folgen.
Um Ihr Leben mit neuen und frischen Inhalten zu füllen, benötigen Sie die Macht der Vorstellung. Stellen Sie sich Ihr Leben so vor, wie es sein soll, und beeinflussen Sie Ihre Gedanken mit klaren und absoluten Formulierungen. Denken Sie täglich so, wie Sie es möchten. Nutzen Sie dazu Ihre wunderbare Gabe der Phantasie. Beginnen Sie am besten mit ein paar hilfreichen Suggestionen und bauen Sie nach und nach die Phantasiereisen in Ihre Praxis ein. In den nächsten Kapiteln finden Sie jede Menge praktische Tipps dafür.

Die richtigen Suggestionen finden

Um die passenden Suggestionen zu finden, sollte man das Ziel, das es zu erreichen gilt, genau kennen. Kennt man es, kann man es sich als bereits realisiert vor Augen führen. Erschaffen Sie sich ein Bild, das das erreichte Ziel widerspiegelt. Erspüren Sie es und beschreiben Sie es mit einer klaren Aussage. Diese sollte absolut formuliert sein. Sätze, die mit »Ich bin …« beginnen, sind dafür beispielsweise gut geeignet. Das Nachtbewusstsein wertet nicht und es arbeitet mit Bildern und Gefühlen, nicht so sehr mit Worten. Das bringt die Tatsache mit sich, dass verneinende Informationen nicht als solche angesehen werden können, da es keine negativen Bilder gibt. So werden Worte wie »nicht« oder »kein« vom Nachtbewusstsein übersehen. Dies kann man einfach ausprobieren, indem man sich folgenden Satz vorsagt: »Ich bin kein rosa Elefant« und versucht, dabei ein Bild zu sehen. Mit an Sicherheit grenzender Wahrscheinlichkeit werden Sie jetzt eher einen rosa Elefanten als sich selbst vor Ihrem geistigen Auge sehen. Dies ist vor allem bei gesprochenen Suggestionen zu beachten, da ansonsten mitunter unliebsame Überraschungen möglich sind.

Ein Beispiel: Schlank werden

Eine Frau mittleren Alters betrachtet sich des Morgens im Spiegel und sagt zu sich: »Ich bin zu dick« und »Ich will abnehmen.« Das wiederholt sich beinahe täglich, das Unterbewusstsein setzt die Formulierung und die entsprechenden Bilder in die Tat um. Da die festgestellte und absolut formulierte Tatsache lautet: »Ich bin zu dick«, wird genau das in der Realität herbeigeführt. Auch der Satz: »Ich will abnehmen« verhilft nicht dazu, dass die Pfunde purzeln. Denn »Ich will …« sagt unserem Unterbewusstsein nichts anderes, als dass ein Zustand zu erreichen ist, in dem ich etwas möchte, also nichts erreicht habe.
Um nun zu gut formulierten Suggestionen zu kommen, fokussiert sich die Frau auf das Ziel, schlank zu sein – und nicht darauf, »schlank zu werden«. Nun gießt sie dieses Ziel in die passenden Worte:

Ich bin schlank!
Ich habe mein Normalgewicht erreicht!
Meine Kleidergröße ist 38.

Vielleicht prüft sie auch, ob sie einem momentanen Modeideal gleichen oder sich einfach nur wohl fühlen und gesund erhalten will. Dann könnte sie ihre Suggestionen auch freier formulieren, wie zum Beispiel:

- Ich habe das Gewicht, mit dem ich mich rundum wohl fühle.
- Ich bin gesund und fühle mich wohl in meinem Körper.

Das Unterbewusstsein beginnt ohne weitere Prüfungen mit der Umsetzung. Vielleicht kommen der Frau Gedanken wie: »Du bist doch gar nicht schlank!« oder »Du fühlst dich doch gar nicht wohl!« oder »Glaubst du diesen Mist wirklich?« oder Ähnliches. Davon lässt sie sich aber nicht beeindrucken, sie lächelt gelassen und bleibt bei ihren Suggestionen. Die kritisierende Stimme wird immer leiser, bis sie ganz verschwindet. Die Frau ist auf dem richtigen Weg.

Der Check für Ihre Suggestionen

Haben Sie Ihre Suggestionsformel gefunden? Dann schreiben Sie sie auf. Betrachten Sie die Worte in Ruhe und prüfen Sie sie nach der folgenden Checkliste:

- Ist die Suggestion absolut formuliert? (»Ich bin ...«, »Meine Umwelt ist ...«, »Meine Freunde sind ...«)
- Spiegelt die Suggestion das realisierte Ziel wider? (»Ich bin schlank«, »Ich habe immer genug Geld«)
- Ist die Suggestion positiv formuliert? (Statt: »Ich habe keine Flugangst« heißt es »Auf Reisen bin ich voller Freude« oder »Auf Reisen bin ich heiter, Gelassenheit ist mein Begleiter«)
- Ist die Suggestion leicht zu merken? Die Suggestionsformel soll so oft wie möglich leise oder laut vorgesagt werden, damit das Unterbewusstsein die Aussage für wahr anerkennt. Kurze und prägnante Suggestionsformeln werden leichter im Gedächtnis behalten und erzielen in der Folge die raschere Wirkung.

Wenn Ihre Suggestion nun auch die letzte Prüfung bestanden hat, ist es Zeit, sie in Betrieb zu nehmen und sich auf die daraus resultierenden positiven Entwicklungen zu freuen. Wenn Sie vergessen, sich die Suggestion vorzusagen, ist das nicht weiter tragisch, denn die vielleicht wichtigste Suggestionsformel lautet: »Ich kann, wann immer ich es will, von neuem beginnen.«

Phantasiereisen

in der Praxis

Eine neue Perspektive durch Phantasiereisen

Die Phantasiereise ist eine Methode, die in den unterschiedlichsten Formen und Arten seit langem zur Heilung genutzt wird. Schon eine einfache Geschichte, die Sie erzählt bekommen und die in Ihrer Vorstellung Bilder erweckt und Gefühle hervorruft, kann im weiteren Sinne als Phantasiereise bezeichnet werden. Die Hypnotische Phantasiereise nutzt das, was beim Geschichtenerzählen in unserem Inneren geschieht, bewusst für therapeutische Zwecke. Sie verbindet dabei das Positive Denken, in Form von Suggestionen, mit hypnotischen Techniken. Dabei beginnt eine solche Phantasiereise mit einer so genannten hypnotischen Einleitung, die zu einer mittleren Entspannung führt. Ist diese wohltuende Entspannung erreicht, wird mit dem Kern der Phantasiereise begonnen: Es wird eine Geschichte mit vielen positiven Eindrücken erzählt, die vor dem inneren Auge des Hypnotisierten Bilder und in seiner Wahrnehmung auch die entsprechenden Gefühle hervorruft.

Die Kraft der inneren Bilder

Bei der Phantasiereise werden dem Reisenden meist keine klassischen Suggestionen in Form von Formulierungen übermittelt, sondern diese werden symbolhaft in das Geschehen integriert. Anstatt eine Suggestion wie »Du bist erfüllt von Kraft und Energie« zu verwenden, wird mit Symbolen ein Bild geformt. Hört der Betreffende dann beispielsweise »Du bist durchflutet von der Wärme und dem Licht der Sonnenstrahlen«, wird er diese gewünschte Empfindung in seiner Vorstellung erleben und wirklich spüren. Die verschiedenen Suggestionsbausteine werden zu einer zusammenhängenden Geschichte geformt, die derjenige während der Phantasiereise durchlebt. Oft geht man dabei von einem als schwer oder dunkel erlebten Zustand aus und löst Schwere und Dunkelheit zugunsten von Leichtigkeit, Freude und Licht auf.

Je stärker dabei Gefühle und Empfindungen angesprochen werden, desto intensiver ist die Wirkung. Auf diese Weise ist es möglich, seine Gesundheit zu verbessern, den Weg aus einer beruflichen oder sozialen Sackgasse zu finden oder allgemein zu einer positiven Lebenseinstellung zu finden. Denn es werden innere Blockaden und mentale Hindernisse abgebaut und die Lebensenergie kann wieder besser fließen. Manchmal ist es aber auch nur eine angenehme Entspannung, die einen erschöpften Menschen wieder neue Kraft finden lässt und ihn damit zu mehr Lebensfreude führt.

Kraftvolle Symbole

Anders als bei Hypnosen, die einen Klienten in die Vergangenheit – oder manchmal auch Zukunft – führen, bleiben die Phantasiereisen im Regelfall in der Gegenwart. Sie finden im *Jetzt* statt, die Bilder und Gefühle werden ausdrücklich jetzt erlebt und im eigenen Inneren verankert, damit man sie auch zu einem späteren Zeitpunkt im Leben wieder ins Jetzt, ins aktuelle Erleben holen kann.

Phantasiereisen schaffen meist Landschaften mit Symbolcharakter. So steht der Berg zum Beispiel für eine Herausforderung, die es zu bewältigen gilt. Ist der Berg hoch, ist es in der Empfindung des Betreffenden eine große Lernaufgabe. Wird der Berg bestiegen, erzeugt dies das gute Gefühl, an das Problem heranzugehen. Ist am Ende des Aufstiegs die Sonne zu sehen, wird Hoffnung suggeriert. Manchmal wird man auch in den Berg hineingehen, dann kann es beispielsweise sein, dass sich das Problem zunächst als mächtig darstellt, aber innerlich hohl ist.

Der große Vorteil von Phantasiereisen ist, dass sie einen Menschen nur indirekt – über die Aussagekraft der Symbole – mit dem Problem selbst konfrontieren. Damit lassen sie die Ängste und die daraus folgenden inneren Verkrampfungen beiseite und auch die Abwehrmechanismen gegen die Überwindung der Hürde kommen kaum zum Zuge. Dadurch ist es möglich, die anstehenden Probleme über tiefe Empfindungen und einen weiteren Blick zu bewältigen.

Nach einer oder realistischer gesagt: nach einer Reihe von Phantasiereisen erlebt man, dass sich die Dinge ändern. Vor allem die Eindrücke und Empfindungen bezüglich des Themas wandeln sich – oft, ohne dass man genau weiß, warum. Man erkennt oft klarer, warum man wie gehandelt hat, wovor man Angst hat und wie man auf eine neue Weise an die Hürde herangehen kann. Der Mut, das Problem freudig als Herausforderung anzugehen, wächst. Ein Phänomen ist mir immer wieder aufgefallen: Wenn das Problem gelöst ist, wird das nur selten den Phantasiereisen zugeschrieben, sondern eher den Umständen oder im besseren Fall der eigenen Person. Das zeigt vielleicht auch, dass die Betreffenden eine Wandlung im Fühlen und Denken erfahren haben, die ihnen wenig später schon selbstverständlich erscheint.

Gute Vorbereitung

Phantasiereisen haben keinerlei negative Nebenwirkungen und können mit etwas Hilfe und Übung auch selbst gestaltet werden (siehe ab Seite 55). So wie es bei Reisen in die weite Welt ist, gleicht auch keine Phantasiereise der anderen. Eins ist auf jeden Fall allen gemeinsam: Um wirklich positive Effekte zu erzielen, lohnt eine gute Vorbereitung. Dazu gehört auch die Frage, ob Sie sich allein auf den Weg machen oder die Hilfe eines Hypnotiseurs in Anspruch nehmen wollen. Für beide Wege möchte ich Ihnen im Folgenden einige Hinweise geben.

Beim Hypnotiseur

Vielleicht möchten Sie ein bestimmtes Ziel erreichen, wie zum Beispiel mit dem Rauchen aufzuhören oder ein paar Pfunde abzunehmen, sinnlose Streitereien mit dem Partner endlich aufzugeben oder im Beruf mehr Durchsetzungsvermögen zu entwickeln. Vor allem aber, wenn Sie schwer wiegende Probleme plagen, bei denen Ihnen bislang niemand wirklich helfen konnte, kann ein Hypnotherapeut eine gute Unterstützung sein. Auch wenn Sie sich mit »Fremdenführer« auf die Reise begeben, ist es hilfreich, einige Vorbereitungen zu treffen. Das heißt vor allem, sich ein bisschen vorab zu informieren. Die folgenden Seiten bieten dafür die beste Orientierung.

Keine falschen Erwartungen!

Grundsätzlich ist es für einen Fremden schwieriger, an das Innenleben einer menschlichen Seele heranzukommen. Die ausgefeilten Methoden der Hypnose aber ermöglichen es, dass ein Mensch einen anderen in eine so tiefe Entspannung führen kann, dass er einen Zugang zu seinem Nachtbewusstsein erhält. Außerdem weiß ein geschulter Therapeut dann natürlich auch, wie man mit dem, was sich da zeigt, in der besten Weise umgehen kann.

Wichtig ist trotz allem auch hierbei, die Eigenverantwortung nicht abzugeben. Manche stellen sich unter Hypnosetherapie eine Art Zauberei vor, nach der Devise: »Ein bisschen Hokuspokus und ich bin meine Sorgen los.« Solche Erwartungen werden enttäuscht. Man kann sich den Hypnotiseur eher als eine Art Parkwächter vorstellen, der sich in der (inneren) Landschaft auskennt und einem den Weg zur Straße des eigenen Lebens weisen kann. Den Weg gehen aber müssen Sie immer selbst.

Nehmen wir die Raucherentwöhnung, heutzutage ein Klassiker für Hypnotiseure. Und diese erleben es immer wieder, dass die Klienten völlig passiv eingestellt sind. Sie erwarten, dass der Therapeut alles Nötige unternimmt – sie selbst aber nur anwesend sein müssen. Das aber wäre so, als würden Sie zum Hausarzt gehen, der verordnet Ihnen eine Therapie, die Sie dann aber nicht machen. Die Heilung dürfte ausbleiben.

Gerade durch das aktive Teilnehmen auf verschiedenen Ebenen der Therapie – schließlich geht es ja um Ihr Leben, Ihre Probleme, Ihre Gedanken und Ihr Fühlen – lässt sich nachhaltig viel gewinnen: Sie verstehen, was in Ihnen zu den Schwierigkeiten geführt hat, und Sie lernen Wege kennen, sich aus Problemen wieder heraus- oder künftig gar nicht erst hineinzumanövrieren. Vielleicht lösen die Sitzungen beim Profi aus, dass Sie sich nun lebenslänglich mit mentalem Training befassen wollen. Sie können nur gewinnen, wenn Sie die Verantwortung für Ihre eigenen Geschicke übernehmen.

Arten der Hypnosetherapie

Abhängig vom Problem des Klienten und der Ausrichtung des Hypnotiseurs können unterschiedliche Methoden zum Einsatz kommen. Nicht jede ist für jedes Problem geeignet und nicht alle Hypnotiseure beherrschen alle Methoden. Besondere Verbreitung haben folgende Wege gefunden:

Regression

Regression bezeichnet allgemein eine Rückführung. In der Trance wird der Klient zu einem früheren Zeitpunkt seines Lebens geführt, das kann die Kindheit sein oder ein Zeitpunkt im Erwachsenenleben, zu dem das zu behandelnde Problem noch nicht bestanden hat. Alles, was wir erleben, wird in unserem Unterbewusstsein gespeichert. Mit Hilfe der Hypnose lässt sich auf diesen Wissensschatz zurückgreifen, um die Ursache eines aktuellen Problems zu finden. Wird diese nun neu erlebt und mit Bewusstheit betrachtet, lässt sie sich auflösen – das Problem kann zum Verschwinden gebracht werden.

Wenn das Symptom »mangelndes Selbstbewusstsein« zum Beispiel auf Schläge in der Kindheit zurückgeht, kann diese Methode helfen, mehr Klarheit über das zu erlangen, was damals wirklich auf der emotionalen Ebene passiert ist. Vielleicht wird man dabei nicht nur die eigene Hilflosigkeit, sondern auch die des Täters entdecken. So mancher Proband spürt dann, dass er nicht »schuld« oder »wertlos«, ja nicht einmal »ungeliebt« war und ist. Der Täter, Vater oder Mutter beispielsweise, wusste sich aus seiner eigenen Verzweiflung und aus seinen eigenen Mustern heraus nicht anders zu helfen. Zum Beispiel auch deswegen, weil er in seiner eigenen Kindheit Erziehung auch nur über Schläge vermittelt bekommen hat. Es ist keine Frage, dass dieses Verhalten damit nicht entschuldigt ist – aber indem die tieferen emotionalen (Ab-)Gründe spürbar werden, ist der Weg zum Verstehen und zum Verzeihen und damit letztlich zur Heilung geebnet. Der Klient erkennt im Idealfall auch, dass die Strafen und die damit verbundene Herabsetzung nichts mit dem Kind, das er einmal war, zu tun haben, sondern viel mehr mit dem Problem dessen, der es bestraft hat. Dadurch kann der Weg frei werden für Selbstachtung und Selbstvertrauen.

Bei starken seelischen Verletzungen aus der Vergangenheit ist diese Methode nicht oder nur von sehr erfahrenen Therapeuten mit größter Sorgfalt anzuwenden, da die Begegnung beziehungsweise das Wiedererleben dieser Situationen manchmal böse Nebenwirkungen haben kann.

Reinkarnationstherapie

Dies ist eine Rückführung, die bis zu einem Zeitpunkt vor unserem jetzigen Leben zurückführt. Sie setzt den Glauben an die Wiedergeburt voraus. Die Neugierde ist oftmals die Hauptantriebsfeder für eine solche Hypnose. Dennoch wird auch von teilweise erstaunlichen Heilerfolgen berichtet. Anhänger dieser Richtung gehen davon aus, dass Schwierigkeiten des heutigen Lebens ihre Ursachen auch in einem vorigen Leben haben können. Bei der Reinkarnationstherapie wird der

Klient daher mit seinem Bewusstsein dorthin zurückgeführt, wo der Keim zum Problem gelegt wurde, und sei es ein Zeitpunkt, der dreitausend Jahre zurückliegt. Frei nach der Devise: Wenn man weiß, dass man gestern Schulden gemacht hat, wird es erklärbar, warum heute der Gläubiger vor der Tür steht. Daran kann nach der hier zugrunde liegenden Auffassung auch der große Bruder des Schlafes, der Tod, nichts ändern.

Progression

Die Progression schlägt den Weg nach vorn ein, sie führt den Klienten also in die Zukunft. Die »Zukunft«, das kann dabei ebenso der morgige Tag, die nächste Woche wie auch ein Zeitpunkt in zehn Jahren sein. Der Klient soll sich dabei beispielsweise so erleben, wie er ohne das aktuelle Problem ist. Hat ein Proband zum Beispiel Flugangst, so könnte er erleben, wie er als erfolgreicher Geschäftsmann durch die Welt reist und seinen Geschäftspartnern erzählt, dass er die Flugangst vollständig überwunden hat und es seitdem in seinem Leben bergauf geht.

Manchmal kann auch eine heilsame Wunschkorrektur mit der Progression verbunden sein. Ein Klient träumt beispielsweise seit Jahren von einem eigenen Haus in ländlicher Idylle. In der Hypnosesitzung aber erlebt er nicht nur die Romantik eines solchen Lebens, sondern auch die Schwierigkeiten, die sich für ihn aus der mangelnden Infrastruktur ergeben. Er sieht sich täglich weite Autostrecken fahren und im Stau stehen, seine Frau ist frustriert, weil es jedes Mal ein riesiger Aufwand ist, wenn sie beim Einkaufen etwas vergessen hat. Der Betreffende wird seinen Wunsch nun noch einmal überdenken, die Hypnose hat ihn vielleicht davor bewahrt, all sein Geld und seine Energie in die falsche Richtung zu investieren.

Auf diese Weise lassen sich sehr gut Entscheidungsprozesse unterstützen, indem man die Klienten einfach zu einem späteren Zeitpunkt für Variante A und ebenso für Variante B reisen lässt. Danach ist meistens klar, welches der bessere Weg sein dürfte. Dabei geht es nicht darum, dass das, was in der Trance gesehen wurde, dann wirklich genau so eintritt. Vielmehr sind die eigenen Empfindungen und die Bilder, die aus dem eigenen Unterbewusstsein zum jeweiligen Thema auftauchen, der Gradmesser dafür, was man selbst wirklich will, wohin es im eigenen Leben gehen sollte, damit man glücklich und erfolgreich sein kann. Diese Methode der Progression ist nahezu ohne Gefahren, da die Gedanken und Gefühle, die hier hochkommen, positiv und hilfreich sind. Unerwünschte Nebenwirkungen sind meist nicht zu erwarten.

Phantasiereise

Zu den Methoden, die ein Hypnotiseur therapeutisch anwendet, gehört auch die Phantasiereise, die die Schwierigkeiten ganz in der Gegenwart zu lösen sucht.

Das Vorgespräch mit dem Hypnotiseur

Vor der eigentlichen Hypnosesitzung findet immer ein Vorgespräch statt. Es dient der ersten persönlichen Begegnung zwischen Klient und Hypnotiseur und auch Problem und Methode treffen hier erstmals aufeinander. Das Vorgespräch dauert in der Regel deutlich länger als eine Hypnosesitzung. Zum einen müssen viele Informationen ausgetauscht werden, zum anderen kann man im Vorgespräch nicht selten auch schon Teile des Problems lösen. Manchmal ist es sinnvoll, mehrere Vorgespräche zu führen. Dies wird beispielsweise dann der Fall sein, wenn Symptome ihren Ausgangspunkt sehr weit in der Vergangenheit haben und der Klient diesbezüglich noch sehr unklar ist.

Was wird erfragt?

Anfangs werden Herkunft, Beruf und Beziehungsgefüge abgefragt. Da der Mensch immer auch ein Produkt seiner Erfahrungen ist, kann es dem Hypnotiseur Hinweise für den Therapieaufbau geben, wenn der Klient ihm von seiner Herkunft, der Kindheit und vielleicht auch den verschiedenen heutigen Rollen als Vater, Angestellter und Kassier im Kegelverein erzählt. Der berufliche Werdegang zeigt die Interessen, die bis zur Berufung reichen können, sowie den Umgang mit Niederlagen, Aufstiegsmöglichkeiten und Auseinandersetzungen im beruflichen Umfeld. Und generell wird es wohl immer eine Rolle spielen, in welchen Beziehungen jemand lebt und wie er mit den dort aufkommenden Herausforderungen umgeht. Oftmals ist es auch hilfreich, die Krankengeschichte des Probanden zu kennen, da Krankheiten eine Menge über den persönlichen Weg eines Menschen aussagen können.

So zeigen Erkrankungen bestimmter Organe nicht selten Aufgaben und Lebensthemen in den jeweiligen Entwicklungsphasen auf. Im Vorgespräch können auch kleine Details von großer Wichtigkeit sein: So kann zum Beispiel eine Phantasiereise, in der ein großes Fest mit vielen Gästen vorkommt, bei dem einen das Gefühl der Euphorie, bei dem anderen Platzangst hervorrufen – der Therapeut wird seine Suggestionen also entsprechend so wählen, dass die Reise für den Betreffenden angenehm wird.

Schon mittendrin in der Therapie

In einem zweiten Block wird das Problem oder Symptom, das den Klienten in die Praxis geführt hat, näher unter die Lupe genommen. Hier wird vor allem zu untersuchen sein, seit wann dieses Problem besteht oder zumindest bewusst ist. Dies ist nicht immer derselbe Zeitpunkt. Auch sollte offen darüber gesprochen werden, was bisher gegen das Problem unternommen wurde, denn in den seltensten Fällen ist der Hypnotiseur die erste Anlaufstation. Schließlich werden nun auch die weitere Vorgehensweise und die Methode besprochen. Hierbei hat natürlich auch der Klient die Möglichkeit, alles zu erfragen, was er über die Hypnose und den weiteren Verlauf der Therapie wissen möchte. Vielleicht wird sich der Hypnotiseur ein wenig Zeit erbitten, um den Fall in Ruhe abzuschätzen. Insbesondere dann, wenn er sich ganz auf den Menschen, der ihn um Hilfe bat, einlässt, braucht er Zeit, die Fülle der Informationen zu ordnen.

Vor allem erfahrene Hypnotherapeuten nutzen das Vorgespräch bereits, um die Heilung so intensiv wie möglich vorzubereiten. Für die Klienten ist das mitunter sehr herausfordernd, da ihnen schon vieles bewusst gemacht wird, was bislang im Nachtbewusstsein schlummerte – und oftmals nicht gerade das ist, was sie gern hören wollten. Das kann durchaus mit Bedrückung, Enttäuschung oder Gefühlen der Trauer verbunden sein. Dies ist aber eher ein Zeichen dafür, dass sie auf dem richtigen Weg sind. Ihr Inneres würde nicht mit solchen Gefühlen reagieren, wenn das Thema nicht in irgendeiner Form wichtig wäre. Auch wenn solche Gefühle unangenehm sind und bei dem einen oder anderen sogar Angst auslösen können, zeigen sie letztlich an, dass bereits Bewegung in die Sache gekommen ist. Die Heilung kann beginnen.

Die Hypnosesitzung

Eine hypnotische Sitzung hat eine durchschnittliche Dauer von 20 bis 50 Minuten und besteht im Wesentlichen aus drei Teilen: der Einleitung, der Trancephase und der Ausleitung.

Die Einleitung

In der Einleitung stellt der Hypnotiseur durch spezielle Techniken einen Entspannungszustand beim Klienten her und schaltet die Kontrolltätigkeit seines Bewusstseins weitgehend aus. Hierzu gibt es verschiedene Methoden wie zum Beispiel als wahrscheinlich älteste die Pendelmethode: Ein Pendel wird über den Augen des liegenden Probanden zum Schwingen gebracht und er wird aufgefordert, es mit den Augen zu verfolgen. Dabei wird das Pendel so positioniert, dass es für ihn sehr anstrengend wird. Der Hypnotiseur spricht währenddessen ruhig, aber bestimmt zu ihm. Er kann den Klienten dabei auch auffordern, die Augen zu schließen, wenn sie ermüden. Und bald wird der Hypnotisierte das ohnehin tun.
Nun kommen verschiedene Sprechtechniken zum Einsatz, um eine so genannte mittlere Trance herbeizuführen. Dieser Zustand ist am ehesten mit dem Einschlafen zu vergleichen: Man ist nicht mehr ganz wach, aber auch noch nicht eingeschlafen, was von den meisten Menschen als sehr angenehm empfunden wird. In dieser Phase wird der Herzschlag verlangsamt und der Atem ruhiger. Es kann leicht zu einer Auskühlung kommen. Es ist daher ratsam, während der Hypnose eine dünne Decke zu verwenden.
Viele Menschen haben vage Ängste vor der Hypnose, weil sie meinen, dabei vollkommen die Kontrolle abgeben zu müssen. Das ist aber nicht der Fall. Das Bewusstsein bleibt vollkommen wach, das Tor zum Unterbewusstsein steht weit offen, die Kontrolle dessen, was geschieht, ist auf das Notwendigste beschränkt. Der kritische Geist ruht, man ist aber keinesfalls willenlos dem Hypnotiseur ausgeliefert.

Die Trancephase

In dieser Phase befindet sich der Klient in angenehmster Entspannung. Der Hypnotiseur wird jetzt beginnen, die spezielleren Methoden anzuwenden. Arbeitet er mit der Methode der Regression, so wird er dem

Probanden suggerieren, dass er jünger und jünger wird. Arbeitet er hingegen mit der Methode der Progression, lässt er ihn in eine Situation gehen, die in der Zukunft liegt. Dazwischen können mehr oder minder merklich auch Suggestionen geäußert werden, die zum gewünschten Ziel führen. Wird eine Phantasiereise als Methode gewählt, beginnt jetzt die Geschichte am Ausgangspunkt, zu dem man am Ende meist zurückkehrt.

In dieser Phase wird auch immer wieder mit so genannten Vertiefungen der Trance gearbeitet. Dies ist dann erforderlich, wenn das Wachbewusstsein wieder zunimmt, was häufig passiert, wenn gedankliche Prozesse angestoßen worden sind – es ist also zumeist ein erwünschter Effekt. Der einfühlsame Hypnotiseur sieht und spürt, dass der Klient stärker ins Wachbewusstsein geht, und führt ihn wieder tiefer in die Trance. Er sagt ihm zum Beispiel: »Und dein Atem wird nun noch ruhiger und noch gleichmäßiger.« Oder: »Du sinkst noch tiefer in deine Entspannung, wie in ein Wolkenkissen, und du fühlst dich ruhig und wohl.«

Im Laufe der Hypnose wird die Stimme des Therapeuten vom Klienten teilweise nicht mehr bewusst wahrgenommen. Die Suggestionen aber, die in Symbolform oder in direkten Formulierungen vom Hypnotiseur gegeben werden, dringen tief ins Unterbewusstsein ein und werden dort abgespeichert. Und dann entfalten sie ihre nachhaltige Wirkung.

Die Ausleitung

Die Ausleitung hat vor allem die Aufgabe, gezielt wieder in den Wachzustand zu führen. Auch das geschieht im Regelfall über Suggestionen. Der Hypnotiseur beginnt nach und nach wieder die aktive Aufmerksamkeit anzusprechen: »Du beginnst, wieder tief und bewusst zu atmen« oder »Dein Herzschlag wird wieder schneller« oder »Du nimmst nun bewusst das Erwachen deines Körpers wahr.«

In dieser Ausleitungsphase müssen auch die Suggestionen, die nur für diese Sitzung gedacht waren, wieder aufgelöst werden. Hat der Hypnotiseur zum Beispiel in der Einleitung suggeriert: »Du hörst nur noch meine Stimme«, um nicht von Nebengeräuschen abgelenkt zu werden, müsste er das jetzt wieder auflösen, indem er beispielsweise sagt: »Du nimmst alle Geräusche deiner Umwelt wahr.« So genannte posthypnotische Suggestionen hingegen sollen auch nach der Sitzung noch

wirken. Das kann zum Beispiel bei einem Klienten, der sich vom Pech verfolgt glaubt, der folgende Lebensgrundsatz sein: »Alles Gute, das dir im Leben begegnet, nimmst du ab heute dankbar an.«
Wenn der Aufwachprozess in Gang ist, verwenden viele zusätzlich die so genannte Rückzählmethode, um den Probanden vollständig in den Wachzustand zu bringen. Die meisten Menschen müssen sich nun erst einmal innerlich sortieren und wieder im Alltagsleben ankommen. Insgesamt empfinden fast alle eine Hypnosesitzung als sehr entspannend. Man könnte von einer Art Seelenmassage sprechen.

Follow Up – Vertiefung durch Kontinuität

Viel zu selten wird aus meiner Sicht ein so genanntes Follow Up mit angeboten – eine Art Auffrischung der in der Hypnose gegebenen Suggestionen. Ein Follow Up ist die Wiederholung der letzten Hypnosesitzung nach Ablauf einer gewissen Zeitdistanz, das können zum Beispiel sechs Wochen sein. Es sollte eine Zeit sein, in der der Proband nicht mehr so genau sagen kann, wann die letzte Sitzung stattgefunden hat – »Das ist vielleicht ein oder zwei Monate her«. Jetzt tritt nämlich das Vergessen auf den Plan und auch für die Suggestionen kann unter Umständen die Energie schwächer werden. Dann aber hat ein alter Glaubensgrundsatz leichter die Chance, seinen Platz wieder einzunehmen.
Bei Raucherentwöhnung und Gewichtsreduktion greifen die alteinstudierten Glaubensgrundsätze häufig auch ein zweites und drittes Mal an. Die Rückfallquote in alte Lebensmuster ist dementsprechend hoch. Nach einer gelungenen Raucherentwöhnung könnte nach sechs Wochen die erste Euphorie nachlassen. Dies bedeutet nichts anderes, als dass dem Vorhaben nach und nach die Energie entzogen wird. Ein schwacher Moment, und man überlegt, ob man nicht doch einfach mal wieder eine rauchen sollte, eine einzige ... Nicht immer wird daraus ein Rückfall. Aber ein Follow Up kann eine gute Unterstützung sein, das Stolpern in alte Gedankenmuster gänzlich zu verhindern.

Wiederholungen gleich mit einplanen

Das Follow Up sollte von vornherein vereinbart werden, jedoch ohne konkreten Zeitpunkt. Am besten ist es, wenn der Hypnotiseur den Klienten kontaktiert, wenn er meint, dass nach seiner Erfahrung und

seiner Einschätzung der Person ein Follow Up nun sinnvoll wäre. Wenn jemand aber zuvor merkt, dass der »innere Schweinehund« angreift, sollte er nicht zögern, die Initiative zu ergreifen.
Ein zweites Follow Up sollte dann etwa nach einem halben Jahr fix vereinbart werden. Jetzt kann der Klient über seine Erfahrungen seit der Hypnosesitzung sprechen. Das Erzählen der eigenen Geschichte kann dabei auch für ihn als Erzähler lehrreich sein. Eine Hypnose zur Vertiefung könnte sich anschließen, um den Erfolg sicherzustellen.
Für viele Menschen ist es hilfreich, das letzte Follow Up periodisch zu wiederholen. Ob das notwendig ist, sollte man ganz nach seinem eigenen Empfinden und natürlich im Gespräch mit dem Hypnotiseur entscheiden.

Ist Hypnose völlig ungefährlich?

Es gibt ein gewisses Gefahrenpotenzial, das aber nicht zum Tragen kommt, wenn der Hypnotiseur sein Handwerk versteht und entsprechend achtsam zu Werke geht. Wie angesprochen müssen nämlich die Suggestionen, die den Entspannungszustand herstellen, wieder aufgelöst werden. Wir hatten das Beispiel mit der Stimme des Therapeuten genannt. Wird eine solche Suggestion am Ende der Hypnose nicht wieder aufgelöst, kann der Zustand der ersten Suggestion bleiben und man würde im genannten Fall unter Umständen Geräusche und Stimmen anderer Menschen ausblenden. Wie fast immer aber ist es so, dass die Methode an sich ein Segen ist, der aber nur so gut wirken kann, wie es derjenige ermöglicht, der damit arbeitet.

Den »richtigen« Hypnotiseur finden

Es ist sehr wichtig, einen guten und zudem den persönlich passenden Hypnotiseur zu finden. Leicht wird es, wenn Ihnen jemand eine gute Adresse empfehlen kann. Es haben nahezu alle Hypnotiseure Schwerpunkte, wie beispielsweise die erwähnte Raucherentwöhnung. Fragen Sie also bei Ihrem Erstkontakt ruhig nach dem Spezialgebiet des Hypnotiseurs, aber auch nach seinem Werdegang und seinen Erfahrungswerten. Wenn Sie eine bestimmte Methode wollen – also eine Progression beispielsweise –, dann sollten Sie gleich zu Beginn das Gespräch darauf bringen.

Ein wesentlicher Punkt ist der zeitliche Plan. Manche Hypnotiseure schlagen zu Beginn je nach Schwere des Problems eine tägliche Sitzung vor, andere bevorzugen einen wöchentlichen oder noch weiteren Rhythmus. Bedenken Sie daher, dass die Anfahrt unter Umständen zur Belastung werden kann. Nicht weniger wichtig sind die Öffnungszeiten der Praxis. Hier sind aber viele Hypnotiseure sehr flexibel und kommen Ihnen entgegen.
Fragen Sie auch nach der Preisgestaltung, Sie werden staunen, wie viele verschiedene Modelle es gibt. Bedenken Sie aber, dass »billig« immer ein wenig verdächtig klingt: Es könnte sein, dass dahinter auch nur wenig an Wert steckt.
Nicht zu unterschätzen ist der Faktor Sympathie. Bei der Auswahl von Vertrauenspersonen ist sie von unschätzbarem Wert. Wenn Sie sich zwischen mehreren Anbietern entscheiden müssen, nehmen Sie den, der Ihnen sympathischer ist. Dies hat einen tieferen Hintergrund: Sie werden auf einen sympathischen Menschen immer, ob Sie es wollen oder nicht, offener zugehen als auf einen, der Ihnen weniger liegt. Diese natürliche Offenheit erhöht die Chance, dass Sie Ihr Ziel recht bald erreichen können, und senkt nebenbei auch die Kosten nicht unerheblich. Denn ein Ihnen sympathischer Hypnotiseur wird – gleiche Fähigkeiten vorausgesetzt – Ihr Innenleben deutlich schneller erreichen als ein anderer, der durch vertrauensbildende Maßnahmen erst langsam dorthin kommen muss.

Selbst Phantasiereisen unternehmen

Auch ohne professionelle Unterstützung können Sie von Phantasiereisen profitieren. Sie können dabei sehr viel über sich selbst lernen und sicher auch die eine oder andere Weiche in Ihrem Leben auf »Positiv« stellen. Wie schon erwähnt, haben Sie das wichtigste Werkzeug bereits bei sich: die Phantasie.

Gleich die erste Übung

Während die Phantasie für Kinder ein wahres (Über-)Lebenswerkzeug ist, führt sie bei den meisten Erwachsenen ein eher kümmerliches

Dasein. Das Gute aber ist: Die Phantasie kann jederzeit zu neuem Leben erweckt werden. Wollen Sie es gleich ausprobieren? Es geht ganz einfach: Stellen Sie sich eine grüne Wiese vor, bis Sie sie vor Ihren inneren Augen sehen können. Wenn es nicht gleich klappt, keine Sorge, bleiben Sie dran. Nach einigen Anläufen funktioniert es bestimmt. Schließen Sie gleich die nächste Stufe an: Stellen Sie sich nun auch Blumen auf der Wiese vor. Versuchen Sie die verschiedenen Farben zu sehen. Wenn das gelungen ist, haben Sie Ihre Phantasie bereits wieder zum Leben erweckt und können sie daher auch nutzen.

Wenn es Ihnen Freude gemacht hat, könnten Sie die Übung noch ein wenig ausreizen. Sie können ausprobieren, ob Sie das Gras unter Ihren Füßen spüren können, den Duft des Grases oder der Blumen riechen, die warmen Sonnenstrahlen auf Ihrer Haut spüren können. Nehmen Sie ein paar ruhige Atemzüge und erfahren Sie die Wiese mit allen Sinnen.

Phantasiereisen erleben

Um eine Phantasiereise zu erleben, stehen Ihnen mehrere Möglichkeiten offen. Der beste Einstieg könnte es sein, wenn Sie eine der im nächsten Kapitel angeführten Phantasiereisen unternehmen. Lesen Sie sich dazu am besten die Themenschwerpunkte und Überschriften durch. Sie werden sicher merken, dass Sie irgendetwas anspricht, weil es in irgendeiner Weise zu Ihrer Lebenssituation passt. Es muss Ihnen nicht unbedingt bewusst sein, warum Sie sich gerade von dieser oder jener Geschichte angezogen fühlen. Stürzen Sie sich ins Abenteuer und lesen Sie Fallgeschichte und Phantasiereise durch.

Schon beim bloßen Lesen kann die Phantasiereise wirken. Vielleicht werden Sie bemerken, dass Sie sich hineingezogen, »hineingekippt« fühlen und den Eindruck haben, die Geschichte spürbar mitzuerleben. Beim Lesen ist zu beachten, dass Sie die hypnotischen Einleitungen, die einen Entspannungszustand herbeiführen sollen, nicht immer wörtlich nehmen. Eine Einleitung könnte mit den Worten: »Deine Augen sind geschlossen« beginnen, da Sie aber weiterlesen wollen, brauchen Sie die Augen nur gedanklich zu schließen.

Wenn Sie Ihre erste Phantasiereise gelesen haben, können Sie ihr ein wenig nachspüren. Wie fühlt es sich an, diesen inneren Weg gegangen zu sein? Wie haben Sie sich vorher gefühlt und wie ist es jetzt? Welche

Bilder haben Sie vor sich gesehen? Woran fühlten Sie sich erinnert? Oft werden die Eindrücke dadurch verstärkt, dass die Geschichten zuerst gelesen und danach mit geschlossenen Augen noch einmal nachempfunden werden. Machen Sie die Reise also in Gedanken noch einmal. Dabei sind selbstverständlich auch Varianten nicht nur erlaubt, sondern durchaus erwünscht – schließlich heißt es ja Phantasiereise. Lassen Sie sich einfach darauf ein. Alle Bilder, die Ihnen ins Bewusstsein kommen, sind Ihre eigenen. Vielleicht wollen sie Ihnen etwas sagen. Unerwünschte Nebenwirkungen gibt es nicht. Machen Sie sich immer wieder bewusst, dass Sie steuern können, wohin die Reise gehen soll – in die Leichtigkeit, in die Freude, zu liebevollen Begegnungen und einem gesunden Selbstwertgefühl.

Einfach nur lauschen und – verreisen

Die leichteste Möglichkeit, auf Reisen zu gehen, bietet die CD, die diesem Buch beiliegt. Für sie wurden einige der abgedruckten Phantasiereisen gesprochen. Sie brauchen sich also nur einen Ort zu suchen, an dem Sie für eine Zeit ungestört sind. Sie können sich in eine entspannte Position begeben, also liegen oder sitzen. So sollten Sie relativ lange bequem bleiben können. Beim Sitzen empfiehlt sich die Kutscherhaltung: Die Unterarme liegen auf den Oberschenkeln und Kopf und Hände hängen entspannt nach unten. Beim Liegen empfiehlt sich die Rückenlage. Denken Sie auch daran, sich zuzudecken, der Kreislauf wird bei der Entspannung ruhiger und es besteht die Gefahr des Auskühlens. Nun kann die Reise beginnen. Lauschen Sie der Stimme von der CD und lassen Sie den inneren Bildern freien Lauf. Da Sie nun nicht selbst lesen müssen, können sich die Eindrücke der Reise vertiefen. Oft werden so starke Empfindungen ausgelöst.

Wenn Sie eine vertraute Person haben, die Ihnen mit ruhiger und gleichmäßiger Stimme eine der Geschichten vorliest, ist auch dies eine Möglichkeit, eine Phantasiereise zu erleben. Dabei kann es passieren, dass sowohl der Hörer wie auch der Erzähler »hineinkippen«. Wenn dies zumeist auch höchst unterschiedlich erlebt wird, kann es für die Beziehung zu einem spannenden Erlebnis werden. Ob Sie es nun mit Ihrem Partner oder einer guten Freundin versuchen wollen, seien Sie sich bewusst, dass Sie möglicherweise mit Ihrem innersten Wesen konfrontiert werden. Wählen Sie daher den Vorlesenden gut aus, denn er oder sie wird dabei sein, wenn es persönlich wird. Auch vorlesen sollte man nur, wenn man dies absolut freiwillig und gern tut. Versuchen Sie niemanden zu überreden und lassen Sie sich auch von niemandem dazu überreden. Nicht mit jedem Menschen möchte man zu jeder Zeit tiefere Geheimnisse teilen.

Auf eine solche Weise ruhig und langsam vorgelesen, kann eine Phantasiereise ihre Wirkung entfalten. Es ist dafür nicht nötig und für den Laien auch absolut nicht angebracht, eine noch tiefere Entspannung herbeiführen zu wollen – Hypnosetechniken sollten unbedingt dem ausgebildeten Hypnotiseur vorbehalten bleiben, denn sonst kann es gefährlich werden.

Nach der Reise

Am Ende führen Sie die letzten Worte immer auf irgendeine Weise an Ihren Ausgangspunkt oder anderweitig in Ihren Alltag zurück. Das Kreislaufsystem muss nun wieder aktiver werden, Sie können anfangen, Ihren Körper zu bewegen, und sich schließlich genüsslich recken und strecken. Der ganze Körper ist angefüllt mit Lebensenergie. Vielleicht ist der Geist noch mit dem einen oder anderen Detail der Phantasiereise beschäftigt – lassen Sie ihm Zeit, sich zu sortieren.

Ob Sie nun selbst lesen, die CD nutzen oder sich vorlesen lassen, es lohnt sich, dem Erlebten nach der Reise noch etwas nachzuspüren und am besten auch aufzuschreiben, was Sie empfinden, woran Sie sich erinnert fühlten, was Ihnen nach der Phantasiereise wichtig erscheint. So werden Sie immer schneller Klarheit darüber erlangen, wo Sie in Ihrem Leben oder bezüglich des gewählten Themas hinwollen.

Eigene Phantasiereisen schreiben

Wenn Sie sich Ihre eigenen Reisen ausdenken möchten, ist dies höchst empfehlenswert. Vielleicht holen Sie sich ein paar Anregungen aus den bestehenden Geschichten oder Sie legen einfach frei los. Der Garten Ihrer Phantasie ist nahezu unerschöpflich mit Früchten angereichert, die es nur zu pflücken gilt.

Sie könnten sich zum Beispiel ausdenken, wie der morgige Tag wäre, wenn er genau nach Ihren Vorstellungen ablaufen würde. Lassen Sie dabei Ihrer Phantasie freien Lauf. Denken Sie sich Ihre Arbeitskollegen, Partner oder Freunde so, wie Sie sie möchten. Sehen Sie sich, wie Sie am Ende des Tages zufrieden zu Bett gehen.

Wenn Sie gerade auf der Suche nach einem neuen Partner sind, könnten Sie sich einfach vorstellen, wie Sie ihn kennen lernen und sich verlieben. Auch hier gilt: Sie führen Regie auf Ihrer Reise. Vielleicht treten Hemmnisse auf, Gedanken wie: »Aber das ist doch nicht real!« Oder: »Ob ich so einen netten Kerl wirklich finden werde ...« Lassen Sie sie vorbeiziehen und übernehmen Sie immer wieder bewusst die Regie über Ihre Phantasiereise. Gestalten Sie sie positiv, genau so, wie Sie es möchten. Zu den Wundern in Ihrem Leben ist es dann nur noch ein kleiner Schritt.

Sie können Ihre Phantasiereisen wie Tagträume einfach so entstehen lassen. Sie können sie aber auch ein bisschen genauer planen, aufschreiben und so lange daran feilen, bis sie Ihnen hundertprozentig gefallen. Wenn Sie sie dann wieder und wieder in einer entspannten Haltung unternehmen, können Sie ja trotzdem zulassen, dass Ihre Phantasie das eine oder andere Detail immer noch schöner und noch kraftvoller werden lässt.

Von der Suggestion zur Phantasiereise

Sie haben auf den Seiten 35 bis 37 bereits erfahren, wie Sie zu den passenden Suggestionen kommen, die genau auf Ihre Bedürfnisse zugeschnitten sind. Diese Sätze und Grundaussagen können Sie auch auf einer Phantasiereise verwenden, die Sie sich selbst schreiben. Dazu empfiehlt es sich aber, sie nicht einfach nur direkt einfließen zu lassen, sondern kraftvolle Symbole dafür zu finden. Es steht Ihnen aber frei, beides miteinander zu verknüpfen. Wie gesagt: Ihrer Phantasie sind keine Grenzen gesetzt.

Die Bausteine Ihrer Phantasiereise

Symbole, Mythen der Urseele, Archetypen – das sind kraftvolle Begriffe, hinter denen viel steckt, was der angestrebten Wirkung von Phantasiereisen entgegenkommt. »Archetypus« kommt aus dem Griechischen und bedeutet so etwas wie Urbild. In der Psychologie entspricht es wesentlichen Inhalten des kollektiven Unterbewusstseins, also allgemeinen menschlichen Vorstellungsmustern. Eines dieser Symbole ist beispielsweise die Sonne. Sie wird rund um den Globus als Symbol für Energie und Kraft, für Wärme und Licht, ja als Symbol des Lebens empfunden. Die Sonne steht auch für den Tag, für das Sichtbare, für die Unendlichkeit des Lichts und für das männliche Prinzip des Gebens und der Aktivität. Der Mond hingegen symbolisiert die Nacht, das Verborgene, die Gefühlswelt und das weibliche Prinzip des Aufnehmens und der Hingabe. Die Sonne gibt das Licht und leuchtet aus sich selbst heraus. Der Mond reflektiert das Licht der Sonne, er strahlt nicht aus eigener Kraft, sondern ist der aufnehmende Aspekt. Symbolträchtiges wie Sonne und Mond – es können aber auch das Meer, eine Höhle, ein Berg, ein hoher Turm oder was auch immer sein – macht einen Grundbaustein der Phantasiereisen aus. Denn ohne dass man deren Bedeutung bewusst kennen muss, spürt man auf einer tieferen Ebene, wofür diese Dinge stehen – im persönlichen Erleben oder sogar für alle Menschen. Was immer Ihnen also an Symbolen zu Ihrem Thema einfällt, nutzen Sie es! Wichtig ist dabei, dass Sie sich die Kraft bewusst machen, die im jeweiligen Symbol steckt. Vielleicht fallen Ihnen zu Ihrer derzeitigen Situation eher schwere, dunkle Symbole ein. In den Fallbeispielen später ist dann beispielsweise von einem Brunnen die Rede, in dessen Schlamm am Boden man mit den Füßen steckt. So kann eine Reise beginnen. Wichtig ist aber, dass sie zu freundlicheren, kraftvollen, lichthaften und eben solchen Symbolen hinführt, die die Lösung Ihrer Schwierigkeit anzeigen. So wird bei dem genannten Beispiel der Aufstieg gewagt: Eine Leiter führt nach oben zum Licht, mit zunehmender Kraft wird dieser Weg hinaufgegangen, bis zur Befreiung aus dem engen Brunnen.

Vorteile der Symbole

Der Unterschied zur Suggestion liegt zum einen darin, dass Symbole die Sprache des Unterbewusstseins sind und von ihm daher sofort und ohne Umschweife verstanden werden. Ein zweiter, ebenso wichtiger Aspekt besteht darin, dass vieles über Symbole leichter aufgenommen werden kann, insbesondere dann, wenn die alten Glaubensgrundsätze und Überzeugungen bereits tiefe Furchen in das Unterbewusstsein gezogen haben. Dann lässt man sich lieber mit dem »bösen Wolf« als mit einer tatsächlichen (Ur-)Angst ein.

Die Symbole bieten uns daher im Bereich der Phantasiereisen auch die Möglichkeit, Aufgaben zu bewältigen, die uns zuvor unmöglich erschienen. Wir machen einfach den kleinen Umweg über die Symbole. Ist ein Mensch zum Beispiel sehr erdverbunden und daher in seinen Bewegungen eher langsam oder gar träge und möchte er zu mehr Flexibilität gelangen, so kann er sich auf einer Phantasiereise die Rolle des Windes einnehmen lassen. Er lässt sich selbst zum Wind werden und kann dabei Wendigkeit und Leichtigkeit spüren. Diese Empfindung beginnt sich nach einigen dieser Reisen als »normal« zu manifestieren und kann sich so in seinem Leben etablieren.

Im Folgenden möchte ich Ihnen die vier Elemente und das Licht als Symbole vorstellen, die sich sehr gut für Phantasiereisen eignen. Sie werden sie in den danach folgenden Beispielreisen auch immer wieder entdecken können.

Die Erde

Betrachten wir die Symbolkraft des Elementes Erde, so können wir Verlässlichkeit, Beständigkeit, Fruchtbarkeit, Sicherheit, aber auch Trägheit ableiten. Soll also die Phantasiereise mehr Urvertrauen mit sich bringen, kann das Element Erde sehr gut integriert werden. Auch für Menschen, die sich immer sehr weit oben in ihren Gedankengebäuden verirren, ist Erde das geeignete Symbol, um wieder auf den Boden der Tatsachen zu kommen. Beim Verfassen der Phantasiereise könnten Sie bewusst einbauen, dass Sie in einem Garten kleine Pflänzchen in den Boden setzen und die weiche, schwere, braune Erde fest mit Ihren Händen andrücken. Oder Sie legen einen Akzent darauf, mit aller Bewusstheit den warmen, angenehmen Boden unter Ihren nackten Füßen zu spüren.

Um weitere Bilder zum Bereich Erde zu finden, können Sie hinausgehen, ein bisschen Erde in die Hand nehmen und mit geschlossenen Augen wahrnehmen, wie sich das anfühlt. Spüren Sie die Kraft der Erde unter Ihren Fußsohlen, vielleicht steigen Bilder für Ihre Phantasiereise in Ihnen auf.

Die Luft

Das Gegenstück zur Erde findet sich in der Luft. Hier assoziieren wir Kommunikation, Heiterkeit, Leichtigkeit, Flexibilität, aber auch Launenhaftigkeit. Mit dem Element Luft wird eine Phantasiereise um Leichtigkeit und Beweglichkeit bereichert. Dabei kann man unterschiedliche Intensitäten einbauen: vom lauen Sommerlüftchen, das einen sanft umspielt, über den frischen Wind, der das Alte, Verbrauchte fortbläst, bis hin zum Begeisterungssturm über die eigene Kraft.

Um mehr Bilder zum Element Luft zu finden, ist es ebenfalls hilfreich, nach draußen zu gehen. Atmen Sie dort langsam und gleichmäßig und verfolgen Sie dabei den Weg der Luft in Ihrem Körper bewusst mit. Schließen Sie die Augen, um die Empfindung noch zu steigern. Denken Sie dabei vielleicht an das, was Sie erreichen möchten. Stellen Sie es sich vor und lassen Sie sich überraschen, welche herrlichen »Luft-Bilder« Ihnen dazu in den Sinn kommen, die Sie für Ihre Phantasiereise nutzen können.

Das Feuer

Das Feuer steht für Spontaneität, Lebenskraft und Freiheitsdrang. Wir finden in diesem Symbol aber auch die Ungeduld. Schnell können mit der Kraft des Feuers Grenzen überwunden und die Begeisterung angefacht werden, außerdem sind mit einem Kerzenlicht oder einem knisternden Feuer im Kamin auch Wärme und Geborgenheit verbunden. Als begeisternde Kraft eignet sich das Feuer vor allem dann für die Phantasiereise, wenn die Freude und die Lebenslust bei Ihnen etwas zu kurz kommen. Zünden Sie auf Ihrer Phantasiereise die Feuer der Begeisterung an. Das lohnt sich auch, wenn Sie gute Ideen und deren Verwirklichung durch Blockaden hemmen und einfach nicht leben lassen. Um die Kraft des Feuers in sich wirken zu lassen und mehr Bilder zu diesem Themenkreis zu erfahren, kann es helfen, die Augen zu schließen und sich ein Entflammen vorzustellen. Dies kann vom Anzünden einer Kerze – Licht in eine Sache bringen – bis zum Entflammen einer Mülldeponie – alten Ballast loswerden – reichen. Auch das Tanzen um ein Lagerfeuer – Energie durch Gemeinschaft – oder das besinnliche Betrachten der Glut – Kraft durch Entspannung – können Ausgangspunkte für neue Bilder sein.

Das Wasser

Mit dem Element Wasser lassen sich Qualitäten wie Einfühlungsvermögen, Hilfsbereitschaft, Emotionalität und Hingabe, aber auch Realitätsverlust hervorragend zum Ausdruck bringen. Das Wasser wechselt zwar öfter die Richtung, findet aber dennoch das Ziel. Ebenso kann das Wasser Hilfestellung geben, wenn Verwandlung oder Reinigung gefordert ist; dann schwimmen Sie vielleicht durch einen regenbogenfarbenen See, der alles von Ihnen abwäscht, was Sie jetzt nicht mehr brauchen. Wenn Schuldgefühle wie Schlamm auf der Haut, unserer äußeren Grenze, kleben, kann Wasser sie sanft entfernen. Ein weiteres Bild aus dem Qualitätsreichtum des Wassers ist das Trinken aus einer Quelle: Dieses Bild kann den Geist im wahrsten Sinne des Wortes erfrischen. Um die Kraft des Wassers zu erfahren, können Sie die Augen schließen und sich beispielsweise einen Wasserfall vorstellen. Lassen Sie das Bild auf sich wirken und seien Sie offen für Assoziationen zum Thema Ihrer Phantasiereise. Sie können sich mit dem Element aber auch verbinden, indem Sie einen Gebirgsbach, einen Fluss oder das Meer aufsuchen und dem lauschen, was Ihnen das Wasser dort zu erzählen scheint.

Die Kraft des Lichts

Das Licht ist wohl das Symbol mit der stärksten universellen Kraft. Licht breitet sich überallhin aus und dringt mit seiner ganzen Kraft in jedes Wesen ein. Bereits in der Schöpfungsgeschichte war das Licht nach der Schaffung von Himmel und Erde gleich das Nächste, was in die Welt kam. Eines der Phänomene, die das Licht so besonders machen, ist die Art seiner Ausbreitung: Es scheint immer von einer Quelle auszugehen und dringt dann überallhin vor, in alle Winkel und Verästelungen der Welt ebenso wie der Seele. Das Licht ist auch ein Symbol des (ewigen) Lebens. Wo Licht ist, ist auch Leben. Das Licht strahlt, und wenn ein Mensch strahlt, dann hat er das Licht in sich.

Das Licht ist auch durch sein Gegenteil, die Finsternis, nicht auflösbar. Auf einer Phantasiereise können Sie dieses Phänomen nutzen, wenn sich irgendein Bereich in Ihrem Leben verdunkelt hat. Gestalten Sie die Reise dann beispielsweise so, dass Sie in einem Raum stehen, zum Fenster gehen und die Vorhänge aufziehen. Sie sehen, wie das Licht eindringt und den Raum erhellt. Schenken Sie sich ruhig auch die Erfahrung, wie es umgekehrt ist: Sehen Sie sich in einem sehr hellen Raum, Sie wissen, dass nebenan das Dunkel ist. Sie öffnen die Tür und lassen die Dunkelheit herein. Sie sehen, dass das Licht der Dunkelheit nicht weicht, aber das Dunkle draußen ist nun der Helligkeit gewichen. Überall ist Licht.

Jeder hat in seiner Seele Bereiche, die im Dunkeln liegen. Oftmals verursachen sie die heftigen Störungen der Lebensqualität, die uns zuweilen plagen. Lassen Sie in einer Phantasiereise das Licht in alle Bereiche Ihres Innersten dringen und spüren Sie die positive Kraft des Lichts mit allen Sinnen.

Eine besondere Qualität des Lichts ist sein Bezug zum Göttlichen, der weltweit und schon in den ältesten Religionen beschrieben wird. Viele Menschen haben heute ihre Beziehung zu Gott oder zum Göttlichen verloren. Das Licht aber, als die Quelle des Göttlichen – in Johannes 8,12 heißt es: »Ich bin das Licht der Welt« – kann auch von »Ungläubigen« gut angenommen werden. Es schafft in jedem Fall Zuversicht und Urvertrauen.

Während bei anderen Symbolen die Kraft durch persönliche Erfahrungen gemindert sein kann – Angst vor Feuer oder Wasser beispielsweise –, ist dies bei der Symbolkraft des Lichts nicht zu erwarten. Das Licht wird als Kraft des Guten und oft auch als unerschöpfliche Quelle des Positiven empfunden. Die Kraft des Lichts sollten Sie daher für Ihre Phantasiereisen reichlich nutzen.

Kombinieren Sie

Verbinden Sie für Ihre Phantasiereisen alles, was Ihnen stimmig erscheint. Nutzen Sie Suggestionen und positive Bestätigungen, Symbole und innere Bilder, sprechen Sie all Ihre Sinne an. Auch die Symbole untereinander lassen sich sehr gut kombinieren. Beispielsweise Erde und Luft: Sieht sich der Reisende mit beiden Beinen fest auf einer Wiese stehen, während seine Haare im Wind wehen, so kann ihm dadurch Sicherheit auch bei unstabilen Verhältnissen suggeriert werden. Lassen Sie Ihrer Phantasie freien Lauf!

Lebenssituationen

und Phantasiereisen

Fallbeispiele und eine Auswahl an Phantasiereisen

In diesem Kapitel finden Sie Beispiele von Menschen, denen die Phantasiereisen helfen konnten, aus einer Krise herauszufinden. Die Lebensgeschichten und die Namen der Handelnden sind natürlich abgeändert, ungeachtet dessen haben die Fälle nichts von ihrer Aussagekraft verloren. Sie sind mitten aus dem Leben gegriffen und sicher findet sich jeder von uns in der einen oder anderen Beschreibung wieder.
Jeder biografischen Skizze folgt eine Phantasiereise, die die Betroffenen auf ihrem Weg aus der Krise unterstützt hat. Auch diese Reisen wurden etwas verändert, es wurden die stark auf das Individuell-Persönliche zugeschnittenen Elemente herausgenommen. Nun können sie von jedem, der sich vom angegebenen Thema angesprochen fühlt, gewinnbringend unternommen werden.

Themen und Schwerpunkte

Die Geschichten und Phantasiereisen sind jeweils einem Hauptthema zugeordnet, hierunter finden sich zum Beispiel Schlaflosigkeit, Einsamkeit oder sexuelle Unlust. Diese Hauptthemen kann man sich wie Lämpchen im großen Cockpit eines Flugzeuges vorstellen. Wenn eines dieser Lämpchen aufleuchtet, zeigt es damit, dass etwas im zugehörigen Bereich nicht ganz im Reinen ist. Was interessanterweise allen beschriebenen Personen gemeinsam war, ist, dass sie versucht haben, das Lämpchen auszumachen – oftmals mit Gewalt, wie am Beispiel des Hasses. Niemand hat versucht, die Ursache zu ergründen oder gar zu beheben. Dies würde ein Pilot aber bestimmt tun, um seine Maschine weiter auf Kurs halten zu können.
Die Phantasiereisen bieten einen sinnvollen Umgang mit dem Signallämpchen, der uns auf unserem Flug durchs Leben unterstützt und die Warnungen ernst nimmt.

Auf Reisen gehen

Wenn bei Ihnen im Kopf ein Alarmlämpchen aufblinkt, während Sie eine der Themenbezeichnungen oder eine der Fallbeschreibungen lesen,

dann lohnt es sich, das Thema genauer zu untersuchen. Fragen Sie sich, was bei Ihnen diesbezüglich im Argen liegen könnte. Was schmerzt Sie? Was macht Sie unzufrieden? Was läuft nicht so, wie Sie es sich wünschen? Nutzen Sie das Medium der Phantasiereise und wenden Sie sich Ihrem Nachtbewusstsein zu. Mit der hier abgedruckten Reise zum entsprechenden Thema können Sie beginnen, Licht ins Dunkel zu bringen und alte, graue Gedanken- und Gefühlsmuster durch neue, farbenfrohe Lebenseinstellungen zu ersetzen.
Selbstverständlich können Sie auch jede der anderen Reisen aus diesem Buch selbst unternehmen. Sie werden merken, welche Sie besonders ansprechen, Sie berühren und erfreuen.

Liebe nur für Leistung

Lydia: Mich mag sowieso niemand

Lydia litt seit ihrer Jugend unter Asthma bronchiale, hatte aber, soweit ich das beurteilen konnte, einen guten und sicheren Umgang damit gefunden. Generell machte die Mittdreißigerin den Eindruck, als schien sie das Leben und sich selbst gut im Griff zu haben. Sie arbeitete in einer großen Firma mit vielen sozialen Vorteilen, die vor einigen Jahren von einer noch größeren, international operierenden Firma übernommen worden war. Seitdem, erzählte sie, war ihre berufliche Situation täglich unfreundlicher geworden – immer mehr Arbeit, immer weniger Mitarbeiter. Und oft fühlte sie sich irgendwie ausgegrenzt, ihr großer Einsatz wurde gar nicht richtig gewürdigt. Ich fragte Lydia, ob es für sie nicht auch eine Option wäre, den Arbeitgeber zu wechseln. Ihr schien diese Idee völlig abwegig.
Vor allem wollte Lydia mit mir über ihre Tochter sprechen. Diese war gerade volljährig geworden und im letzten Jahr einer berufsbildenden Schule. Sie hatte bislang jede Schulstufe erfolgreich abgeschlossen. Jetzt aber schien sich ein Misserfolg an den anderen zu reihen. Sie wollte den noch nicht ganz fertig erlernten Beruf nicht mehr ausüben, lieber ein Studium absolvieren, aber zuerst einmal den Führerschein machen ... Jeden Tag neue Ideen. Lydia schien verzweifelt. Außerdem wollte die Tochter von ihr plötzlich nichts mehr annehmen. Jedes

Gespräch der beiden endete in einer wilden Auseinandersetzung, sie schrien sich an und knallten Türen. Die eigentliche Hauptphase der Pubertät war bei der Tochter dagegen harmonisch abgelaufen.
Allmählich rückte Lydia mit ihrem Wunsch heraus, dass ich mit ihrer Tochter sprechen sollte. Ich sagte ihr, dass ich es für besser hielte, wenn wir zunächst eine gemeinsame Vorgehensweise finden würden. Ich hatte nämlich das Gefühl, dass die Tochter einiges »nachzupubertieren« hatte – und das fand ich grundsätzlich gut.
Ich versuchte, Lydia zu ihren eigenen tieferen Themen zu führen, aber sie ließ sich nicht von ihrem Vorhaben abbringen. Zumindest konnten wir über ihren Lebensweg reden: Lydia erzählte, dass sie im Alter von 16 Jahren, inmitten ihrer Ausbildung, schwanger geworden war. Ihr damaliger Freund hatte sich, kaum dass er davon in Kenntnis gesetzt worden war, aus dem Staub gemacht. Sie wollte das Kind unbedingt bekommen, gleichzeitig aber auch die Ausbildung abschließen. »Ich war praktisch selber noch ein Kind, aber ich habe unbedingt allen beweisen wollen, dass ich es schaffe. Und ich habe es auch geschafft«, schilderte sie die damalige Situation sehr bestimmt. »Es war für mich eine harte Zeit, aber ich habe gekämpft und es zu Ende gebracht.«
Lydia brauchte viele Stunden, um zu sehen, wie schwierig diese Situation für sie damals wirklich war. Sie hatte sich oft allein gelassen gefühlt, aber jede Gefühlsregung in die Ecke gedrängt, um ihr »Projekt« nicht zu gefährden. Bis zur völligen Selbstaufgabe pendelte sie zwischen Schule, Besorgungen und Kindererziehung. Zugleich war es aber auch eine Zeit, in der sie erstmals Anerkennung von ihrer Familie und der übrigen Umwelt bekommen hatte. Sie hatte sich bis dahin eher wie ein hässliches Entlein gefühlt. Auch in ihrer Kindheit – sie hatte fünf Geschwister – bekam sie nicht die Aufmerksamkeit, die sie so dringend gebraucht hätte. Erst mit dieser harten Herausforderung, mit sechzehn allein ein Kind großzuziehen und daneben noch eine Ausbildung zu absolvieren, konnte sie auf sich aufmerksam machen.
Lydia konnte diese Tatsache lang nicht annehmen. Die Tochter wurde größer und ging zur Schule, sie wurde immer selbstständiger, aber Lydias Unterbewusstsein hatte noch immer – und bis in unsere Sitzungen hinein – die Botschaft gespeichert: »Rackere bis zum Umfallen und du wirst geliebt.« Und vielleicht noch eine zweite: »In schwierigen Situa-

tionen kannst du dich auf niemanden verlassen oder Hilfe erwarten.«
Es deutete einiges darauf hin, dass Lydia die Pubertät ihrer Tochter nicht zugelassen hatte und das Mädchen diese Phase deshalb erst ein paar Jahre später nachholen musste. Vermutlich hat Lydia versucht, ihr Kind so sehr an sich zu binden, damit sich der einzige ihr bekannte Weg, Liebe zu bekommen, nicht verschließen möge.
Sie begann sich im Laufe der Gespräche immer mehr zu lösen. Aber es fiel ihr sehr schwer. Irgendeine innere Kraft schien sie von der kompletten Loslösung zurückzuhalten, bis es schließlich aus ihr hervorbrach wie Lava aus einem Vulkan: »Mich mag doch sowieso niemand!« Jetzt war sie da, die entscheidende Botschaft ihres Unterbewusstseins. Lydia brach in Tränen aus. Sie hatte – wie ich erfahren sollte – die letzten zwanzig Jahre nicht geweint! Und früher auch nur dann, wenn sie allein war. Jetzt schienen mit den Tränen ihre alten Glaubensgrundsätze tief aus ihrem Inneren an die Oberfläche zu kommen. Lydia wirkte zwar erschöpft, aber auch vollkommen erleichtert. Auch ihr bisheriges Lebenskonzept floss mit den Tränen dahin. Der Druck wich und hinterließ eine große Leere. Oder besser ausgedrückt: Er schuf Platz für Neues.
Es schien Lydia völlig befremdend, sich »in ihrem Alter« ein neues Lebensmuster zurechtlegen zu müssen, aber sie beschloss, dies in Angriff zu nehmen. Nicht verkrampft, sondern mit heiterer Gelassenheit. Wir versuchten in der Folge gemeinsam, Phantasiereisen zu erschaffen, in denen sich Lydia in vertrauensbasierten und lebensbejahenden Situationen verankern konnte. Sie ließ sich mehr und mehr auf dieses Abenteuer ein und lehnte sich bald schon bewusst zurück, wenn ihr eine innere Stimme signalisierte: »Rackere, damit du geliebt wirst.« Sie lächelte zufrieden und ließ geschehen.
Lydia hat einen harten Weg hinter sich gebracht, um ein äußerst starkes und tief verstecktes Lebensmuster aufzulösen. Dazu musste sie vor allem Vertrauen in die Lebensgesetze finden. Sie hat dabei gelernt, dass es nicht immer gut ist, etwas zu tun. Manchmal ist es besser, auch einfach geschehen zu lassen, beispielsweise die Pubertät der Kinder. Dazu benötigt man so etwas wie heitere Gelassenheit. Die folgende Phantasiereise hat Lydia das Gefühl gegeben, dass es »da draußen« einen Leuchtturm gibt, der uns Orientierung schenkt, und dass wir vertrauen können, weil es immer tragende Hände um uns her gibt.

Phantasiereise: Die tragenden Hände

Wissen kann man mitteilen.
Weisheit nicht.
Hermann Hesse

Wie von einer inneren Kraft gezogen machst du dich auf den Weg. Auf den Weg zu dir selbst. Du hörst deine Schritte, langsam und gleichmäßig. Du spürst, wie du voranschreitest mit dem Ziel, die Dunkelheit hinter dir zu lassen. Du richtest deinen Blick nach vorn. Du siehst die Lichtsignale in der Ferne. Wie von einem Leuchtturm. Er weist dir den Weg. Du behältst deine Ausrichtung bei. Mit jedem Schritt, den du gehst, wirst du ruhiger und ruhiger. Du atmest tief ein und du spürst, wie die Zuversicht in dir größer und größer wird. Wieder setzt du einen Fuß vor den anderen. Ruhig und gleichmäßig. Du spürst tief in dir, dass es jetzt genau der richtige Augenblick ist, vorwärts zu gehen. Du hörst das leise Rascheln von Blättern, das dich wie ein sanfter Rhythmus umgibt. Ein Rhythmus wie deine Schritte und dein Atem. Mehr und mehr gelangt auch deine innere Schwingung in den Rhythmus des Lebens. Es ist auch der Rhythmus des Leuchtturms, der sein Feuer aufleuchten lässt und dann wieder verdeckt. Auch dein Atem kennt diesen Rhythmus, wie er dich vom Anbeginn deiner Tage trägt.
Du gehst weiter und kannst den Leuchtturm deines Lebens nun schon sehr genau sehen. Aus der Tiefe deiner Seele kannst du nun eine Stimme vernehmen, die dich führen möchte. Du kannst die Worte nur verschwommen hören, dennoch entsteht in dir das Hochgefühl des Vertrauens. Du hältst kurz inne, um deiner inneren Stimme die ganze Aufmerksamkeit zu schenken. Näher und klarer kannst du sie hören. Du spürst, wie gut es ist, mit seiner inneren Stimme in Verbindung zu treten. Die Sehnsucht wächst in dir und du hörst noch tiefer, noch konzentrierter hin. Deine Stimme leitet dich, sie führt dich, als würdest du von einer sanften Hand getragen. Du spürst, wie sich dein Blickfeld erweitert und du mehr sehen kannst als je zuvor. Es ist dir, als ob ein inneres Lächeln jede Körperzelle durchdringt. Du atmest tief durch die Nase ein und kannst dabei die Frische der Luft, die dich umgibt, wahrnehmen. Du riechst das Gras, das der Luft ihren Duft verleiht. Jetzt kannst du auch den Duft der Blumen riechen, die dich umgeben.
Du beschließt weiterzugehen, weiter, immer weiter auf das Licht deines Leuchtturms zu. Und es tauchen Bilder aus deinem Leben auf, wie von kleinen weißen

Wolken umsäumt. Und sie kommen zu dir und du betrachtest sie mit der ganzen Liebe deines Herzens. Jedes einzelne Bild, das in den Wolken über dir erscheint, breitet sich in dir als Lust und Freude aus. Du spürst das Gefühl der inneren Dankbarkeit in dir emporsteigen. Dankbarkeit. Ein Gefühl voller Hingabe und Liebe. Dein Herz fasst nun mehr und mehr Vertrauen und deine Schritte werden leichter und leichter.

Du bist nun ganz nah an deinen Leuchtturm gekommen und möchtest ganz nach oben zur Quelle des Lichts. Du kannst das Licht jetzt deutlich sehen und deine innere Stimme weist dir den Weg nach oben. Das Licht leuchtet mit seiner ganzen Kraft und du kannst das Feuer riechen. Du bist ganz nah dran. Jetzt spürst du auch die sanfte Wärme, die von dem Feuer ausgeht. Du umkreist den Leuchtturm mit sanften Schritten, um den Aufgang zu finden.

Tief im Inneren weißt du längst, dass du alles erreichen kannst. Du bist erfüllt von tiefem Vertrauen in dich und in die universalen Kräfte, die dich umgeben. Du hörst nun auf deine innere Stimme und breitest die Arme weit aus. Du hast deine Augen geschlossen und gibst dich ganz hin. Wie ein sanftes Brausen durchströmt es dich und du spürst eine milde Kraft, die dich mehr und mehr zu sich zieht, bis du schließlich von zwei mächtigen Händen getragen wirst. Du lässt dich fallen wie in weiche Daunen. Hände, die dich tragen. Und du spürst die menschliche Wärme, die von den Händen ausgeht. Eine Woge von unermesslicher Freude durchströmt dich. Und die magischen Hände tragen dich ruhig und gleichmäßig empor auf deinen Leuchtturm. Du siehst hinab und lächelst. Die Hände tragen dich und du siehst Menschen, die dir zulächeln auf deinem Weg. Alle freuen sich mit dir. Du spürst, wie deine Freude sich wie eine große Kraft ausbreitet und den Menschen in deinem Leben das Lächeln auf ihr Gesicht zaubert. Du zündest mit deinem Lächeln Freudenfeuer der Begeisterung in den Herzen der Menschen an. Und die Hände tragen dich. Es ist dir, als ob sie dich immer schon getragen hätten. Hände voller Vertrauen.

Du kannst nun das Feuer des Leuchtturms in seiner ganzen Größe sehen. Ein Feuer der Begeisterung, das weit über das Land leuchtet. Auch in dir hat sich ein Feuer der Begeisterung ausgebreitet, das alles ins Licht bringt. Du möchtest wie der Leuchtturm sein und das ganze Land erhellen mit dem Feuer der Zuversicht. Und du breitest die Arme weit aus und siehst, wie das Licht das ganze Land erhellt. Du siehst, wie alle Dunkelheit dem Licht weicht. Und du spürst, wie das Feuer deinen Kopf durchdringt und mit Licht erfüllt. Gedanken des Lichts und der Freundlichkeit durchströmen deinen Kopf. Und das Licht breitet sich aus bis in dein Herz und

füllt es auf mit Licht. All dein Empfinden ist getragen vom Licht. Licht durchströmt deine Arme und deine Hände bis in die Fingerkuppen. Du kannst das Licht sehen, wie es dich durchströmt. All dein Handeln ist vom Licht geleitet. Und auch deine Hände sind nun zu tragenden Händen geworden. Doch die Last ist leicht.
Du genießt die Wärme, die von dem Licht ausgeht, und du spürst, wie es nun über deine Beine in deine Füße fließt. Du weißt, dass all deine Schritte nun vom Licht geleitet sind. Wo du auch hingehst, bist du wie ein Leuchtturm, dir entströmt das Feuer der Begeisterung, der Hingabe und Liebe. Und du beschließt, von nun an im Licht zu bleiben.
Du begibst dich jetzt auf den Weg zurück. Du nimmst alle guten Gefühle und Eindrücke mit, sie werden dich von nun an, wann immer du es willst, begleiten. Und langsam und in aller Ruhe nimmst du deinen Atem wahr. Wie wunderbar er im Rhythmus des Lebens seinen Schwingungen nachgibt. Du weißt, dass du deinen Atem jederzeit bewusst hören kannst und damit auch all deine guten Empfindungen wieder spüren wirst und die tragenden Hände, die um dich sind.

Schlaflosigkeit

Franz: Ich kann nicht schlafen

Franz war Mitte vierzig und zum zweiten Mal verheiratet. Er stand beruflich fest auf beiden Beinen. Was ihn quälte, war, dass er seit vielen Monaten Einschlaf- und Durchschlafschwierigkeiten hatte. Dies deutet im Allgemeinen darauf hin, dass tagsüber – und da wahrscheinlich unbewusst – Probleme nicht gelöst, sondern verdrängt werden. Die Nachtstimmung, die alle Schwierigkeiten oft noch größer erscheinen lässt, tut ihr Übriges. So ist hinter einer andauernden Schlaflosigkeit meist eine Art Stau zu finden.
In den Gesprächen mit Franz stellte sich bald heraus, dass er regelrecht eine Mauer in sich aufgebaut hatte, um Dinge, die er nicht wahrhaben wollte, zu verbergen. Sie machten jetzt gehörig Druck und sandten ihm immer neue Gedankenspiralen, die ihm den Schlaf raubten. In der Folge davon sanken seine allgemeine Leistungsbereitschaft und die Lebensfreude. Seine Suggestionen wie zum Beispiel »Heute kann ich bestimmt wieder nicht einschlafen« verstärkten den Zustand.

Ich fragte Franz, wie lange ihn die Schlaflosigkeit schon quäle. Er konnte sich nicht genau erinnern, wusste aber mit Bestimmtheit, dass dies mit seiner zweiten Ehe begonnen haben musste. »Ich verstehe das gar nicht, ich bin doch so glücklich, seit ich diese Frau habe!«, sagte er und klang dabei recht verzweifelt. Er habe jetzt eine junge Frau, die er sehr liebe, und könne endlich seinem Hobby nachgehen. Arglos fragte ich, wie jung die Frau denn sei. Franz blickte verlegen im Zimmer herum, als ob hier irgendwo die Antwort auf meine Frage stünde. »Nun«, stammelte er, »schon sehr jung, aber dafür braucht man sich nicht zu schämen.« »Wie jung?«, bohrte ich nach, denn hier schienen wir an einen entscheidenden Punkt zu kommen. »Zweiundzwanzig Jahre jünger als ich!«, stieß er hervor, und »... alt bin ich selber!« Franz lachte bitter. Er wirkte ein wenig erleichtert, als hätte er eine heikle Situation erfolgreich hinter sich gebracht.
Ich fragte ihn nach seinen Hobbys. Vor allem liebte Franz es, mit schnellen und teuren Autos herumzufahren. »Jetzt kann ich mir das endlich leisten ...« Er erzählte von seinen nächtlichen Spritztouren, von seinen unendlich vielen Strafzetteln und der Galerie an Blitzfotos. Davon, wie viel ihm es bedeute, wenn man ihm auf der Straße nachsieht, wenn er mit seinem flotten Schlitten vorbeibraust. Franz erzählte auch, dass er immer davon geträumt hätte, seine Haare im Wind wehen zu sehen, währen er mit offenem Dach durch die Gassen fegt. Jetzt sind seine Haare frühzeitig ergraut und schütter geworden. Es war bestimmt nur noch eine Frage der Zeit, bis er sich mit einer Glatze herumschlagen würde.
Ich fragte ihn, wie er denn seinen jetzigen Lebensabschnitt empfinde, wenn er ehrlich zu sich sei? Franz schienen alle Gesichtszüge zu entgleisen. Er ließ den Kopf hängen und blickte zu Boden. Dann berichtete er von seiner ersten Frau und wie sehr ihn am Ende alles mit ihr gelangweilt habe. Er habe das Gefühl gehabt, er würde langsam beginnen dahinzusiechen. Dieses Gefühl wurde immer stärker – bis er seine Fesseln gesprengt hat. Er lernte bald eine junge Studentin kennen und verwöhnte sie. »Ich fühlte mich so jung, ich hatte das Gefühl, ich könnte Bäume ausreißen«, schilderte Franz, »ich merkte aber auch bald, dass man davon Kreuzschmerzen bekommen kann. Natürlich wollte ich nicht, dass sie es merkt. Sie sollte nicht das Gefühl haben, mit einem alten kranken Menschen zusammenzuleben.«

Das Gespräch kam auf eine Party, zu der sie beide eingeladen waren. Es waren viele Studenten dort und es war auch eigentlich sehr lustig. Ihre Freunde nannten Franz im Spaß »Papa Schlumpf«, vermutlich wegen seiner grauen Haare. Er hatte mitgelacht, aber eigentlich war ihm gar nicht zum Lachen. »Wir haben an diesem Abend ein bisschen zu viel getrunken und ich brauchte drei Tage, um mich wieder einigermaßen zu erholen. Während sie bis zum nächsten Mittag wieder fit war. Auch hier ließ ich mir nichts anmerken …«
Mir schien, als wüsste Franz nun selbst, was ihn nicht schlafen ließ. Ich hatte den Eindruck, dass die Fassade, die er aufrechtzuerhalten versuchte, immer mehr an seinen persönlichen Ressourcen verbrauchte. Ich riet Franz, sich mit seinem aktuellen Lebensabschnitt offen und ehrlich auseinanderzusetzen. Es fiel ihm sehr schwer und er fand geeignete Hilfe bei den Phantasiereisen. In der nachfolgenden Reise wurde seine Fassade zu einer Staumauer und nach und nach konnte er die Dinge einfach fließen lassen. Franz startete einen Lernprozess, um zurück zu sich selbst zu finden.

Phantasiereise: Die Staumauer

Du entschließt dich zurückzugehen. Zurückzugehen zu den Anfängen. Zu deinen Anfängen. Du spürst, wie du dabei immer jünger wirst. Du siehst dich jünger werden und immer weiter zurückgehen. Du siehst, wie dein Lebensbuch zurückgeblättert wird bis zu einem Zeitpunkt, der für dich jetzt stimmig ist. Du staunst wie ein kleines Kind. Du spürst, wie deine Augen groß werden vor Erstaunen. Du spürst ganz deutlich in dir, dass deine Empfindung sich verändert. Tiefe Ruhe kehrt in dich ein wie ein sanfter Wind, der dein Innerstes umschmeichelt und dich ruhig atmen lässt.
Du holst Luft und lässt sie wie einen sanften Energiestrahl bis tief in deine Lungenspitzen strömen und langsam durch die Lippen wieder ausgleiten. Du saugst wieder durch die Nase Luft ein und diese Kraft des Lebens strömt tief in dich hinein. Bis dorthin, wo du deinen Atem jetzt gerade am besten wahrnimmst. Diese Wahrnehmung lässt dich eine Zeit sehen, in der du glücklich warst.

Und du siehst mit deinen inneren Augen genauer hin und kannst jetzt Farben erkennen. Farben, die dir vertraut sind. Sehr vertraut. Als wenn sie dich schon immer begleitet hätten. Mit jedem Atemzug wird dein Blick klarer und du blickst mit immer größer werdender Einsicht auf die Farbenpracht deines Lebens. Es tauchen mehr und mehr Bilder der Freude in dir auf, es ist dir, als ob sie von einem inneren Pinsel gemalt werden würden. Du empfindest tiefe Freude in dir über deine Bilder. Und deine Empfindung breitet sich aus und lässt dich die Freude überall spüren. Du streckst deine Arme den Bildern entgegen. Du möchtest sie jetzt spüren und erfühlen. Fühlen mit deinen Fingerspitzen. Du lässt deine Finger sanft über deine Bilder in ihrer vollen Farbenpracht gleiten und es ist dir, als ob du die Farben mit geschlossenen Augen fühlen könntest. Es ist dir, als ob du die tiefe Ruhe in den freundlichen Grüntönen erspüren könntest und die kühle Ruhe, die sich in den Blautönen widerspiegelt. Kühle Ruhe und Gelassenheit strömt aus dem tiefen Blau in dein Innerstes.

Du atmest tief ein und es ist dir, als ob du nun die Farben auch riechen könntest. Und vor allem erahnst du, was für dich mit ihnen in Verbindung steht. Du atmest tief durch die Nase ein. Du atmest gelbe Farbe ein und es ist dir, als ob die Kraft der Sonne mit ihren leuchtend gelben Strahlen wie ein Bündel aus Energie in dich eindringt und bis tief in dein Zentrum gelangt und dich auffüllt mit gelber Energie. Und du atmest aus und es ist dir, als wenn alle Belastung ausgeatmet wäre. Du siehst ein inneres Lächeln auf deinem inneren Gesicht.

Du siehst, wie du deinen Mund weit öffnest, um das rote Feuer der Begeisterung herausströmen zu lassen. Und es ist dir, als ob das Feuer der Begeisterung all deine Sinne erfassen könnte. Du wirst durchströmt von einem inneren Antrieb. Du spürst, wie sich Mut in dir entwickelt und zu einer inneren Kraft in deinem Zentrum wird. Du spürst in jeder Körperzelle die Woge der Begeisterung. Es ist dir, als ob nach und nach alle Körperzellen von Freude und Begeisterung zu neuem Leben erweckt worden wären. Und du spürst, wie die Kraft dein Denken erfasst und mit dem Feuer der Begeisterung erfüllt. Jeder Gedanke gleicht einem Baustein, der dir noch mehr Mut macht.

Mehr und mehr hörst du jetzt auch deine innere Stimme, die voller Hingabe für dich da ist und dich leitet. Du hörst sie nun deutlicher und deutlicher und du spürst, wie die Kraft der Liebe in ihren Worten mitschwingt. Jede Faser deines Körpers wird nun durchdrungen von der Farbe der Liebe. Du spürst mit allen deinen Sinnen. Es ist dir, als wenn deine Fesseln gelöst werden würden. Du spürst, wie dein Kopf mit all seinen Sinnen durchströmt wird von deiner Energie. Sie lässt

dich klare Gedanken denken. Du spürst die Energie in deinem Herzen, die all dein Tun mit Hingabe und Liebe ausstattet. Und du spürst die Kraft in deinen Armen, die dich handeln lassen. Und du spürst, wie deine Beine all die freie Energie aufnehmen, um nach vorn zu gehen.
Du richtest dich auf mit deiner neuen Kraft und du spürst, wie mit dem Aufrichten dein Selbstvertrauen zur Entfaltung kommt. Du breitest die Arme aus und lächelst, so als ob du die ganze Kraft des Universums in dir aufnehmen könntest. Und diese Kraft lässt dich vorwärts gehen, aufrecht und selbstbewusst.
Jetzt durchdringt dich die ganze Weisheit des Seins und du betrachtest dich voller Liebe auf deinem Werdegang. Du siehst nun deutlich, wie deine ureigenste Kraft festgehalten wurde, damit sie sich bündeln kann. Du beschließt, noch tiefer hineinzublicken, und es ist dir, als ob du früher all deine Anstrengungen ins Festhalten gelenkt hättest. Und du siehst dich selbst, wie du nach und nach zur Staumauer deiner Kraft geworden bist. Du beschließt, von nun an all deine Kraft fließen zu lassen, und machst dich auf den Weg zu deiner inneren Staumauer. Du setzt einen Fuß vor den anderen, angetrieben von der Kraft der Liebe und der durchströmenden Energie der Begeisterung. Du begibst dich auf die Bergeshöhen deines Inneren. Deine Schritte werden kräftiger und kräftiger. Du kletterst immer höher und höher. Du siehst, wie du für deinen festen Entschluss von deinen Freunden und Bekannten bewundert wirst, und dein Vertrauen in deine innere Kraft steigt von Schritt zu Schritt. Du kannst nun auch deine innere Stimme hören, immer deutlicher werden ihre Worte. Du erfreust dich an ihr. Es ist alles da in deiner Welt. Und mit jedem Schritt steigt deine Kraft und du kannst spüren, wie kräftig deine Muskeln sind.
Der Weg hat dich auf eine Anhöhe geführt, von der aus du dir einen Überblick verschaffen kannst. Weit reicht dein Blick über die saftig grünen Gräser, die am Horizont mit dem sanften Blau des Himmels zusammentreffen. Du siehst die warme gelbe Sonne, die dir Licht und Wärme spendet. Wieder kannst du deine ureigenste Kraft deutlich spüren und dein Entschluss voranzukommen wird noch kräftiger. Du genießt deine ganze Kraft, die mehr und mehr in dir aufsteigt.
Du gehst mit kräftigen und schnellen Schritten vorwärts, bis du auf ein weites Tal hinabblicken kannst. All die Farben deiner inneren Quellen sind nun auch in deiner Außenwelt zu sehen und zu riechen. Du siehst über den Abgrund in das Tal hinunter und erblickst deine innere Staumauer. Du siehst, wie die Kraft des Wassers zurückgehalten wird. Du siehst das Wasser, das fließen möchte. Deine Vorstellungskraft wird jetzt stärker und stärker. Und es ist dir, als ob du die Steine der

Staumauer riechen könntest wie feuchten Kalkstein. Und du spürst die Bilder der Erinnerung in dir hochkommen. Du fühlst, wie alles durchströmt wird von der Hingabe und der Begeisterung. Du siehst die Schleusen vor dir, die die Kraft des Wassers zurückhalten. Und mit deiner Vorstellungskraft nimmst du die Gestalt der Staumauer ein. Jetzt kannst du deutlich die Kraft des Wassers spüren, das seine Energie freisetzen möchte. Und du hörst jetzt deutlich deine innere Stimme, die dir zuruft: »Lass es fließen.« Und immer deutlicher hörst du es in dir, bis du dich selbst rufen hörst: »Ich lass es fließen! Ich lass es fließen!« Immer lauter und kräftiger wird deine Stimme und mit jedem Ausruf wird auch dein Wille stärker und stärker. Mehr und mehr breitet sich die tiefe Erkenntnis von der Kraft fließender Energie in dir aus.
Wieder spürst du die Kraft des Wassers. Du öffnest den ersten Kanal und beobachtest voller Freude, wie das Wasser mit seiner enormen Kraft für frische Energie sorgt. Du kannst jetzt deutlich spüren, wie du durchströmt wirst von der Energie. Und du beschließt, noch mehr fließen zu lassen. Und du öffnest einen Kanal nach dem anderen und mehr und mehr Energie fließt durch dich hindurch. Die Wogen der Begeisterung und die Kraft der Liebe erfüllen dein Herz und deinen Verstand. Je mehr Kanäle du öffnest, desto ruhiger und gleichmäßiger fließt das Wasser durch dich hindurch. Alles fließt durch dich hindurch und du spürst eine tiefe Ruhe, die dich erfüllt. Du lächelst friedlich. Alles fließt. Alles ist gut. Du beschließt, im Fluss des Lebens zu bleiben und alles, wo auch immer dich das Leben hinführt, fließen zu lassen.
Du machst dich auf den Rückweg und nimmst alle Kraft, die in der Ruhe und im Fluss des Lebens liegt, mit dir. Mit jedem Schritt, den du zu dir zurückmachst, wächst die Weisheit in dir und du fühlst deinen Atem strömen. Du spürst die Weisheit des Fließens in dir. Mehr und mehr begibst du dich zu deinem Ausgangspunkt zurück. Du bist getragen von dem Gedanken, der dir sagt, dass alles gut ist in deinem Leben und dass du alles fließen lassen kannst, wann immer du es willst.

Übergewicht

Lisa: Ich bin zu dick

Lisa rief mich an, um mit mir über ihr Übergewicht zu sprechen. Sie habe gehört, dass Diäten bei vielen nicht ansprechen, weil sie mitunter mental nicht dafür offen seien. Und sie wollte wissen, was sie auf dem mentalen Weg dafür tun könnte, um schlank zu werden. Wir besprachen einige der vielfältigen Ursachen für Übergewicht.

Am weitesten verbreitet scheint mir die tägliche Suggestion: »Ich bin zu dick.« Dieser kurze und prägnante Satz wird mit der Vorstellung der »Problemzonen« gekoppelt, täglich meißelt man dieses negative, unerwünschte Bild tiefer in das eigene Unterbewusstsein. Und dieses ist dann unerbittlich darum bemüht, den vorgestellten Zustand und die Aussage des Zu-dick-Seins herzustellen beziehungsweise aufrechtzuerhalten. Jede Süßigkeit hilft dann, diesen Zustand zu erreichen. Lisa sah mich mit großen Augen an, als ich ihr das erklärte. »Heißt das etwa, dass ich mir mein Übergewicht quasi eingeredet habe?!« Möglicherweise ist das so. Es könnte aber auch sein, dass das Fett eine Schutzschicht darstellt, beispielsweise vor Sexualität. Viele haben eine tiefe Angst vor Sex und das Unterbewusstsein baut ihnen einen Panzer, der sie davor schützen soll. Lisa stieg die Zornesröte ins Gesicht. Hier könnte ein wunder Punkt getroffen worden sein.

Manchmal ist es auch so, dass ein Verhalten aus dem Säuglings- und Kindheitsalter einfach niemals abgelegt worden ist. Dann wird das Essen mit Liebe gleichgesetzt und jedes Mal, wenn man sich ungeliebt fühlt, beginnt man zu essen. Wie so oft hat der Volksmund auch hier nicht so Unrecht, wenn er von »Frustfressern« spricht. Ein weiterer Aspekt könnte auch ein Aufmerksamkeitsdefizit sein, das man über die Leibesfülle zu kompensieren versucht.

Lisa war nach unserem Gespräch schockiert bis empört. Sie machte mir unmissverständlich klar, dass sie von all dem nichts halte, und beendete den Kontakt. Ein ganzes Jahr später rief sie wieder an und entschuldigte sich fast dafür, dass sie seit unserem letzten Gespräch noch zwanzig Kilo zugelegt habe. Sie wolle sich nun endlich trauen, genau zu erfahren, was sie auf mentaler Ebene zur Gewichtsreduktion tun könne. Ich sagte ihr, dass dies eigentlich äußerst einfach sei. Sie brauche nur die inneren »dicken« Bilder gegen »schlanke« auszutauschen. »Wie bitte?«, klang es ungläubig durch das Telefon. Wieder wollte ihr Unterbewusstsein einen Lösungsvorschlag nicht zulassen und dies ließ sie leicht energisch werden.

Wir vereinbarten schließlich mehrere Termine. Zuerst versuchten wir gemeinsam daran zu arbeiten, dass sie die jetzige Situation, wie sie eben war, annehmen und akzeptieren konnte. Lisa hatte enorme Schwierigkeiten damit. Ihr Unterbewusstsein ließ sie bei jedem Versuch einer Änderung ihres Denkens Abwehrmechanismen starten. Erst mit Hilfe einer Phantasiereise konnte sie ein wenig loslassen. Schließlich empfahl ich ihr, täglich Affirmationen zu sprechen, zum Beispiel: »Ich bin von ganzem Herzen dankbar, mein Normalgewicht erreicht zu haben«, dabei sollte sie sich das Bild ihrer Waage mit dem erhofften Gewicht vorstellen. Sie übte fleißig und konnte nach und nach ihr Übergewicht reduzieren. Die nächste Phantasiereise hat ihr, wie sie sagte, sehr geholfen, mit ihr kann man die Bekanntschaft mit seinem/seiner »inneren Schlanken« machen, der/die ja in jedem Fall auch in einem dicken Menschen steckt.

Phantasiereise: Der weiche Spiegel

Schön ist eigentlich alles,
was man mit Liebe betrachtet.
Christian Morgenstern

Dein Weg führt dich vor eine Treppe. Die Stufen gehen nach oben. Nach oben, in unbekannte Räumlichkeiten. Dieser Ort ist dir noch fremd, doch du spürst einen inneren Antrieb, dich die Treppe hinaufzubegeben und das Unbekannte zu ergründen. Du greifst nach dem Geländer und machst den ersten Schritt nach oben. Ein Gefühl von Zufriedenheit überkommt dich, das du gut kennst. Oft schon hast du in deinem Leben den ersten Schritt gemacht und oft ist der erste Schritt der schwerste. Und so erfüllt es dich mit Glück, diesen Schritt getan zu haben. Der zweite Schritt ist bedeutend leichter als der erste. Und leichter wird nun auch dein

Gemüt. Du folgst der Ruhe deines Atems. Und du gehst langsam und ruhig, Schritt für Schritt, die Treppe hinauf. Du bist erstaunt und erfreut, wie leicht es dir fällt. Wie leicht es doch ist, nach oben zu kommen, bis zur letzten Stufe der Treppe. Du hörst ein leises Geräusch, wie ein Wind, der durch die Fugen bläst. Du machst einen weiteren Schritt und gelangst vor eine große Tür aus Holz. Du betrachtest sie still. Wieder hörst du deinen Atem, ruhig und gleichmäßig. Du betrachtest die Tür mit ihren schweren Eisenbeschlägen. Du streckst deine Arme nach vorn und möchtest die Tür aufdrücken. Aber noch bevor deine Finger die Tür berühren, öffnet sie sich langsam von selbst. »Ich bin willkommen!«, huscht ein Gedanke durch dein Gemüt.

Du setzt einen Schritt über die Schwelle, um mehr zu entdecken. Der Raum ist dunkel, nur in der Mitte zeigt sich das Licht der eindringenden Sonnenstrahlen. Der Raum ist angefüllt mit Dingen aus der Vergangenheit. Du siehst ein altes Sofa vor dir, mit großen weichen Kissen. Mit breiter Sitzfläche und runden Lehnen. Du möchtest dich darauf ausruhen und den Raum betrachten. Du spürst, dass das Sofa mit viel Liebe gemacht wurde und von einem Gefühl der Ruhe und Gelassenheit umgeben ist. Du setzt dich, lehnst dich zurück und hörst nur noch deinen Atem. Ruhig und gleichmäßig. Du genießt die Ruhe, die sich nun immer mehr in dir ausbreitet. Ruhig und gelassen wandert dein Blick durch den Raum. Du entdeckst einen großen und mächtigen Spiegel, der von einem verzierten Holzrahmen gesäumt ist. Fasziniert von der Größe und den funkelnden Lichtstrahlen, die er reflektiert, betrachtest du ihn aus der Distanz. Du stehst auf und gehst den reflektierenden Lichtstrahlen entgegen. Mit jedem Schritt wächst die Faszination, die von diesem Spiegel ausgeht. Eine innere Kraft scheint dich bis vor das Spiegelbild zu führen. Du betrachtest den Rahmen, von dem eine tiefe innere Schönheit ausgeht. Du berührst ihn sanft mit deinen Fingern. Du spürst die Muster des Reliefs, die diesem Rahmen seine Schönheit verleihen. Es ist, als wenn diese einzigartige Schönheit in dich eindringen wollte. Du möchtest diesen Rahmen nochmals berühren, um die ganze Kunst dieses Werkes zu erfassen. Du fühlst die vielen kleinen Vertiefungen und die Erhebungen, die dieses Kunstwerk so vollkommen erscheinen lassen. Und diese Vollkommenheit dringt nun auch immer mehr und mehr in dich ein.

Du möchtest in den Spiegel blicken und siehst, dass die Jahre ihren Staub darauf hinterlassen haben. Wie von einer unsichtbaren Kraft geleitet berührt deine Hand den Spiegel und wischt den Staub weg. Sattes gelbes Licht strahlt nun von dem Spiegel zu dir. Du lächelst und bläst den Staub von deiner Hand. Im Sonnenlicht siehst du, wie er sich zu einer Nebelkugel formt und sich im Dunkel auflöst. Du wischst noch mehr Staub weg und spürst, dass sich der Spiegel weich anfühlt.

Und immer mehr Licht dringt nun aus dem Spiegel. Du möchtest, dass noch mehr Licht von seiner weichen, glatten Oberfläche zu dir strömt. Und so befreist du ihn auch noch von seinem letzten bisschen Staub. Sein Bild ist nun klar und du kannst dich deutlich darin erkennen. Du siehst dich in diesem zauberhaften Licht. Du berührst seine Oberfläche sanft mit deinen Fingern und spürst wieder, wie weich der Spiegel ist. Und während du ihn berührst, siehst du, wie sich dein Bild verändert. Du berührst den Spiegel sanft und siehst, wie sich dein Äußeres im Spiegelbild verändert.
Du siehst dir zu, wie du zu deinem Kleiderschrank gehst und eines deiner Lieblingskleidungsstücke hervorholst. Du hältst es an deinen Körper und betrachtest dich. Du beschließt es anzuziehen. Es steht dir wie am ersten Tag. Du drehst dich herum und bist voller innerer Freude. Du tanzt durch den Raum und eine beschwingte Melodie erfüllt dich. Du siehst in dem Spiegel, wie du auf die Straße läufst und alle mit deiner Begeisterung ansteckst. Du siehst Freunde und Bekannte, die dich bewundern und sich mit dir freuen. Du siehst dich tanzen in einem Rausch der Leichtigkeit. Du fühlst dich, als ob du die ganze Welt umarmen könntest. Weit breitest du deine Arme aus und spürst die ganze Leichtigkeit des Seins in dir.
Du siehst dich nun leichten Fußes zurückschlendern, du trägst deine Schuhe in der Hand und kannst mit deinen Füßen die warme Erde spüren. Du bist glücklich und zufrieden. Noch immer berührt dein Finger den Spiegel, mit kindlichem Erstaunen: Wie weich doch seine Oberfläche ist. Deine Hand dringt tiefer in das Spiegelbild ein. Du siehst, wie sie sich vortastet, bis sie den Saum deines Kleidungsstückes erreicht. Vorsichtig fühlt deine Hand die weiche Beschaffenheit des Stoffes. Behutsam gleitet sie an den Konturen deines Körpers entlang. Du spürst, wie gut er sich anfühlt. Du siehst dir zu, wie dein Spiegelbild deiner Hand achtsam zusieht. Langsam gleitet die Hand wieder aus dem Spiegel. Und das gute Gefühl, das dieses Erlebnis in dir hervorrief, ist jetzt tief in dir verwurzelt. Du kannst es deutlich spüren.
Das Licht aus dem Spiegel dringt noch immer tief in dich ein. Es hat dich mit seiner ganzen Kraft aufgefüllt. Und diese Kraft verleiht dir Zuversicht und Stärke. Du kennst nun deinen Weg genau und du weißt, dass es dir leichtfällt, ihn zu gehen. Noch einmal siehst du in den Spiegel und bewunderst dich in deinem Lieblingskleidungsstück. In Gedanken passierst du nochmals alle Stationen deiner Reise. Du gehst nun zurück zu deinem Ausgangspunkt. Alle guten Gefühle hast du mitgenommen und du empfindest Freude daran, dass du immer wieder, wann immer du es willst, hierherkommen kannst.

Prüfungsangst

Melanie: Unter Druck kann ich mich nicht konzentrieren

Melanie war etwas über zwanzig und wohnte noch bei ihren Eltern. Es lief zu Hause nicht sonderlich gut und sie wollte endlich auf eigenen Beinen stehen. Sie hatte eine berufsbildende Schule abgebrochen, um mit einer Lehre zu beginnen. Diese hatte sie dann drei Monate vor dem Abschluss ebenso hingeschmissen, wohl weil es eine Auseinandersetzung mit ihrem Ausbilder gab. Melanie hatte nun also keine abgeschlossene Berufsausbildung und keine Ahnung, wie es weitergehen sollte.

»Meine Eltern machen mir mächtig Druck.« Ein Satz mit tiefer Bedeutung. Vor allem das Wort »mächtig« verdient eine nähere Betrachtung. Es kommt von Macht. Und diese machte Melanie gehörig zu schaffen. Sie hatte heimlich, still und leise eine Ausbildung zur Fahrlehrerin begonnen, was ihre Eltern ihr nicht erlaubt hätten. Sie wollte diesen Beruf aber in jedem Fall gern ausüben. Jetzt hatte sie allerdings wieder Angst vor der Prüfung. Schon, wenn sie daran dachte, stand ihr der Angstschweiß auf der Stirn.

Ich bat sie zu erzählen, wovor sie sich fürchtete. »Na, dass ich es nicht schaffe«, warf sie mir ein wenig ruppig hin. »Ist dann alles aus?«, fragte ich. »Aber ich möchte es meinen Eltern doch beweisen!« »Ich dachte, du machst es nur für dich und deine Eltern wissen gar nichts davon?«, provozierte ich weiter. »Ja, schon, aber ... meine Eltern trauen mir einfach nie etwas zu ...« »Und traust du es dir zu?« »Eigentlich schon. Aber diese Prüfung ...«

Prüfungsangst ist meist anerzogen und oft das Ergebnis allzu hoher Erwartungshaltungen der Eltern. Sätze aus der Kindheit wie »Ich sehe in fünf Minuten nach, ob dein Zimmer aufgeräumt ist« bringen Kinder oft dazu, einen inneren Abwehrmechanismus zu etablieren. Bei dem Gefühl der Überprüfung und der Kontrolle treten dann häufig bis ins Erwachsenenalter Versagensängste und Angstsymptome wie Schweiß auf der Stirn und Ähnliches auf. Die nachfolgende Phantasiereise kann dabei helfen, sich von dieser alten Angst zu befreien und die lähmenden Kindheitserinnerungen mit positiven Gedanken und Gefühlen zu überschreiben, so wie es auch Melanie nach und nach erleben konnte.

Phantasiereise: Das Theater des Königs

Lebensklugheit bedeutet,
alle Dinge möglichst wichtig,
aber keines völlig ernst zu nehmen.
Arthur Schnitzler

Du gehst in deine Garderobe des Theaters. Lange hast du auf diesen Tag gewartet, den Tag deines großen Auftritts. Jetzt scheint dir die Zeit der Vorbereitung gleichermaßen wie nichts und wie eine Ewigkeit. Du setzt dich vor den Spiegel, stützt den Kopf in deine Hände und gibst deine Schwere an den Sessel ab. Und es ist dir, als ob auch die Schwere aus deiner Kleidung in den Sessel abfließen könnte. Du spürst, wie die Schwere zäh und gleichmäßig von deinem Kopf über die Schultern durch die Arme und durch deinen Oberkörper nach unten abfließt. Die Schwere nimmt ab und du spürst, wie um dich herum alles in einem dichten Nebel versinkt.
Du atmest tief ein und wieder aus. Du wirst ruhiger und ruhiger. Und dein Geist lässt dich aus dir heraussteigen. Du siehst dich in deiner Garderobe, umgeben von vielen bunten Kostümen. Und du hast Freude daran, einige auszuprobieren. Du nimmst den dreieckigen Hut eines der Musketiere und den dazu passenden Rock. Du ziehst die schweren Stiefel über und legst den schwarzen Gürtel mit der Schwertscheide an. Du spürst, wie sich dein Körper aufrichtet und wie du dadurch kräftiger wirkst. Du fühlst dich wie ein Kämpfer für Freiheit und Gerechtigkeit. Du betrachtest dich von allen Seiten im Spiegel. Wie edel und stattlich du doch aussiehst.
Du siehst dich den langen Gang zur Bühne mit festem Schritt durchschreiten, fest entschlossen, das Publikum zu erobern. Du erreichst die Bühnentür und deine Neugier wächst und wächst. Du öffnest leise die Tür und siehst einen alten Mann an den Seilen des Vorhangs ziehen. Der Vorhang hebt sich langsam und gleichmäßig unter tosendem Applaus. Fünf kleine Stufen musst du noch empor, um die Bühne zu betreten. Du steigst auf die erste Stufe und es wird allmählich ruhiger im Saal, bis schlussendlich alle Geräusche verstummen. Auf der zweiten Stufe hörst du nur noch deinen Atem. Langsam und gleichmäßig. Auf der dritten Stufe spürst du die Zuversicht, dass dir alles gelingt. Du bist nun auf der vierten Stufe und voller Freude über den Augenblick. Du nimmst die fünfte Stufe und betrittst die Bühne mit aller Kraft und Ausstrahlung, die du brauchst.

Du siehst in den vollen Zuschauerraum. Alle Plätze sind besetzt. Von den Logen blicken Leute mit kleinen Ferngläsern herunter.
Du spürst nun eine Wärme in deinen Füßen aufsteigen, die sich über die Beine bis hin zu deinem Oberkörper ausbreitet. Der Scheinwerferspot leuchtet hell auf und bildet einen Lichtkreis um dich herum. Und es ist dir, als ob von dem Licht zusätzliche Kraft in dich hineinfließt. Mehr und mehr Kraft. Du fühlst dich wie in Trance. Völlig entspannt und losgelöst. Es gibt jetzt nur noch das Stück. Dein Stück. Deinen großen Auftritt. Wie von unsichtbarer Kraft geleitet spielst du jede Szene mit Bravour und Eleganz, deine Worte sind getragen von tiefem Gefühl und stimmiger Dramaturgie. Immer wieder blickst du unauffällig in den Zuschauerraum und siehst die offen stehenden Münder der Menschen, die von deinem Spiel ergriffen sind.
In der Mitte des Saales kannst du den König erblicken. Er trägt einen weiten roten Mantel mit weißem Saum. Die Edelsteine seiner Krone funkeln im Scheinwerferlicht. Freude und Dankbarkeit steigen in dir auf. Du kannst im Gesicht des Königs die Freude erkennen, die ihm dein Spiel bereitet. Wie milde er doch lächelt. Und auch du spürst dich innerlich lächeln. Voll Milde. Du siehst dich in der Schlussszene, in der du zum Helden wirst. Die Zuschauer und vor allem der König sind begeistert und applaudieren kräftig. Der Vorhang hebt und senkt sich noch viele Male. Die Leute erheben sich von den Stühlen, um dir zuzujubeln. Du verneigst dich und bist voller Dankbarkeit. Die Zeit scheint in diesem Augenblick stillzustehen. Du hörst den tosenden Applaus und die Jubelrufe wie aus der Ferne. Alles ist gut. Du bist erfüllt von tiefem Frieden. Du bist ganz tief in dir drinnen. Der Vorhang hebt sich, während du einatmest, und er senkt sich, während du ausatmest. Und die Kraft und der Zuspruch des Publikums prägen sich tief in deinem Innersten ein.
Und in Gedanken gehst du nun die fünf Stufen wieder hinunter. Und es fällt dir leicht, mit den tiefen Gefühlen der Freude und der Zufriedenheit von der Bühne abzugehen. Du siehst den alten Mann beim Vorhang. Er lächelt dir verschmitzt zu, als ob deine Freude auch auf ihn übergegangen wäre. Du schreitest leichtfüßig durch die Tür. Hier wartet der König auf dich, der es sich nicht nehmen lassen wollte, dir persönlich zu gratulieren. Er nimmt dich ohne Worte bei den Schultern. Du spürst, wie seine Anerkennung tief in dich hineindringt. Es ist dir, als ob dich heiße Lava durchströmen würde. Du verneigst dich, doch der König richtet dich wieder auf. Du empfindest tiefe Dankbarkeit und Freude. Nun kehrst du zu deinem Ausgangspunkt zurück. Und immer, wenn du vor großen Aufgaben stehst, spürst du das tiefe Gefühl der Freude und der Kraft.

Hass

Roman: Ich hasse meine Exfrau

Roman war Ende dreißig und lebte in Scheidung. Vor einigen Monaten war er bei seiner Noch-Ehefrau ausgezogen und hatte sich eine kleine Wohnung gemietet. Seit dieser Zeit hatte er nur sporadisch Kontakt mit ihr, und dann auch nur sehr unterkühlt. Die Ehe hatte seit einiger Zeit nur noch nach außen hin funktioniert, im Inneren schon länger nicht mehr. Roman konnte sich gar nicht erinnern, wann sie das letzte Mal noch etwas zusammen unternommen, geschweige denn Spaß gehabt hatten. Er wollte die Trennung schon lange, war aber wegen der Kinder geblieben.

»Irgendwann gab es für mich den Punkt, an dem ich diese zweisame Einsamkeit nicht mehr ausgehalten habe.« Die Kinder waren eigentlich keine Kinder mehr, sie wohnten zwar im Elternhaus, waren aber mit eigenen Dingen so stark beschäftigt, dass sie ohnehin keine Notiz von Roman nahmen – so dachte er.

Bei einem Treffen mit seiner Tochter hatte er nun erfahren, dass seine Frau das gemeinsame Haus behalten wolle und außerdem abends jetzt öfter wegginge. Die Tochter glaubte, dass sie einen neuen Freund habe. Roman kochte vor Wut. Er steigerte sich so in seinen Ärger hinein, dass er ganze Gedankengebäude des Hasses errichtete. Wenn wir uns über seine Situation unterhielten, verstrickte er sich immer wieder in derartigen Monologen: »Wie kann sie sich nur des Nachts herumtreiben, obwohl wir noch nicht einmal geschieden sind? Hat ihr die Ehe denn überhaupt nichts bedeutet? Sicherlich hat sie die Kinder jetzt schon komplett vernachlässigt ...«

Roman brach den Kontakt zu ihr nun vollständig ab. Sie rief ihn des Öfteren an und lud ihn ein, er ist aber nie hingegangen. Er wollte mit ihr nichts mehr zu tun haben. Und weiter trieben ihn seine Gedanken: »Soll sie doch ihre Sorgen mit ihrem neuen Lover besprechen. Je mehr ich darüber nachdenke, umso mehr Dinge fallen mir ein, die schon in der gemeinsamen Vergangenheit auf ihren miesen Charakter hinwiesen. Da ist sie doch immer in diesen Yogakurs gegangen, an dem sie so viel Freude hatte. Vielleicht war sie gar nicht wirklich dort und hat sich heimlich mit diesem Nichtsnutz von Liebhaber getroffen ...«

An seinem Arbeitsplatz schien längst bekannt zu sein, dass er in Scheidung lebte. Er wollte es eigentlich niemandem sagen und argwöhnte nun, dass sie es bereits den gemeinsamen Freunden erzählt hatte, obwohl sie wusste, wie unangenehm ihm solche Situationen waren. Roman hatte noch nie gern über persönliche Dinge mit Freunden oder Bekannten gesprochen. »Sie hingegen musste mit ihren Freundinnen immer alles besprechen. Sicherlich sogar die intimsten Dinge, als ich einmal über viele Wochen Überstunden machen musste und für nächtlichen Spaß einfach zu müde war. Sie musste daraus natürlich wieder eine Ehekrise machen. Aber da gab es nichts zu reden! Sie musste doch sehen, wie erschöpft ich war. Stattdessen erzählt sie es den anderen, die mich dann blöd anschauen!«

Roman schilderte mir sein Leben, oder das, was davon noch übrig war: Er ging morgens verschlafen zur Arbeit, tat, was eben getan werden musste, und blieb dabei in seinen trüben Gedanken versunken. Nach dem Tagwerk fuhr er nach Hause – und nichts weiter. Seine Gedanken hatten die Alleinherrschaft über sein Wesen übernommen. Er war voller Hass, uneingestandener Trauer und Wut. Der Hass auf seine Frau ließ ihn nachts nicht mehr schlafen. Sein ganzes Wesen schrie nach Vergeltung. Seine Gesichtszüge wirkten versteinert, der Hass begann ihn aufzufressen. Immer öfter kamen ihm Gedanken in den Sinn, wie er es ihr heimzahlen könnte.

Roman konnte zu diesem Zeitpunkt nur schwer erkennen, was in den Jahren der Gemeinsamkeit alles gut gelaufen war. Erst nach langen Gesprächen begann er von seinen wunderbaren Kindern zu erzählen, von den Urlaubsreisen, die sie zusammen gemacht hatten, und auch von Schwierigkeiten, die das Leben mit sich brachte und die sie gemeinsam gemeistert hatten. Roman erkannte in den Gesprächen immer mehr, wie viel er von sich aus an den Erinnerungen herumgezimmert hatte und wie sehr auch er sich im Laufe der Jahre verändert hatte. Er räumte langsam ein, dass es zumindest im Bereich des Möglichen war, dass auch seine Frau wegen der bevorstehenden Scheidung trauerte und litt. Und eventuell – noch wollte er es nicht glauben – hatte sie mit ihrer Freundin gar nicht ausgerechnet über seine mangelnde Lust im Bett gesprochen, und wenn doch, dann vielleicht nicht abfällig, sondern eher sorgenvoll.

Roman konnte die Tür zu seinem Herzen wieder einen Spalt breit öffnen. Dabei wurde ihm auch die vernichtende Kraft seines Hasses einigermaßen bewusst. Vor allem aber konnte er erkennen, dass sein Hass und seine Beweggründe in erster Linie mit ihm selbst zu tun hatten und dass der Hass vor allem ihm selbst schadete. Die folgende Phantasiereise half ihm dabei, sich von diesem quälenden Hass zu befreien.

Phantasiereise: Das leere Boot

Es ist schwer, alles zu bekommen, was man möchte;
leichter ist es, alles zu mögen, was man erhält.
Sprichwort

Du stehst fest auf beiden Beinen und siehst auf das offene Meer hinaus. Die orangefarbene Sonne steht wie ein großer Gott über dem Horizont und sendet ihre sanften Sonnenstrahlen zu dir. Du schließt die Augen und genießt die wohlige Wärme. Leise hörst du die Wellen, die ruhig und gleichmäßig an den Strand strömen. Eine sanfte Brise treibt sie vor sich her. Du spürst, wie sich dein Atem mehr und mehr dem Rhythmus der Wellen anpasst. Du holst tief Luft und auch das Meer zieht seine Wellen zurück, als wolle es mit dir atmen. Gleichmäßig und lange atmest du wieder aus, du bremst den Luftstrom mit deinen Lippen. Du hörst, wie das Meer seine Wellen wieder zurückgibt. Und du atmest wieder tief ein und das Meer scheint dies mit dir zu tun. Du fühlst dich verbunden mit dem Rhythmus des Lebens. Es ist dir, als ob du wie das Meer wärst. In seiner unendlichen Größe und Weite. Mit jedem Atemzug spürst du, wie du eins wirst mit dem Rhythmus des Lebens. Du spürst den sanften Hauch des Windes, wie er dir über die Haut streicht. Und tief im Innersten spürst du den unendlichen Frieden, der sich in dir ausbreitet.
Du genießt die warmen Sonnenstrahlen, die deine Haut mit sanfter Magie berühren. Du siehst dich deine Arme ausbreiten, als ob du mit dem Kosmos verschmelzen wolltest. Leicht und voller Hingabe atmest du tief und bewusst ein und es erscheint dir dein innerstes Leben in völlig neuem und hellem Licht. Du öffnest die Augen und lässt sie am Horizont entlangwandern. Alles ist so friedlich. Und

Friede ist auch tief in dir. Deine Aufmerksamkeit ist auf dich selbst gerichtet und du beschließt, das Vergangene hinter dir zu lassen. Du gehst nun in aller Ruhe einen Schritt vorwärts. Du fühlst genau, wie gut es ist, nach vorn zu gehen.
Und du setzt nun auch den zweiten Schritt. Du siehst dich auf den weißen Strand zugehen.
Du siehst ein Boot vor dir. Du siehst, dass es aus schwerem, festem Holz gemacht ist und doch in aller Leichtigkeit auf den Wellen tanzt. Es ist so wie du im Rhythmus des Lebens. Massiv gebaut und sicher und dennoch leicht auf den Wellen tanzend. Ein Lächeln zaubert sich auf dein Gesicht, als du den nächsten Schritt tust. Wie gut es ist, Schritte nach vorn zu machen. Wie gut es ist, im Rhythmus des Lebens zu sein. Du hörst dein Herz ruhig und gleichmäßig schlagen. Du hörst deinen Atem. Du bist im Rhythmus des Lebens. Du betrachtest das stabile Boot, wie es friedlich vor sich hin tanzt. Leicht getragen auf den Wellen, als ob es dich einladen möchte. Und du beschließt, mit diesem Boot aufs Wasser hinauszufahren, immer der Sonne entgegen.
Du steigst ein in das Boot und spürst das feste Holz unter deinen Füßen. Wie gut es doch gebaut ist. Gebaut, um in die Ferne zu reisen. Du setzt dich hinein und schaust auf das offene Meer. Du spürst das Gefühl der Freiheit in dir aufkommen. Wie durch eine innere Kraft gelenkt, bindest du das Boot los. Du siehst nun auch ein Ruder am Boden des Bootes liegen. Du nimmst es in beide Hände und betrachtest es mit deiner ganzen Aufmerksamkeit. Wie gut es gemacht ist. Wie gut alles gemacht ist. Du spürst, dass alles für dich da ist. Jetzt genau in diesem Augenblick, der ebenfalls genau für dich gemacht zu sein scheint.
Du nimmst das Ruder in beide Hände und stößt dich vom Strand ab. Das Boot nimmt Fahrt auf und du tauchst das Ruder in das Meer und stößt dich erneut ab. Du nimmst nun deutlich deine Kraft wahr, die dich voranbringt. Hinaus auf das weite Meer, dem Ursprung des Lichts entgegen. Wieder tauchst du das Ruder ins Meer, um dich erneut voranzubringen. Wieder spürst du die ganze Kraft, die in dir steckt, und du hast Spaß daran, voranzukommen. Weiter und weiter fährt dein Boot mit dir hinaus und es ist dir, als ob du die Stille hören könntest, die dich umgibt. Du hörst die Wellen, die plätschernd an dein Boot schlagen. Du hörst deinen Atem. Du hörst den sanften Wind, der die Wellen vor sich hertreibt. Du spürst die Sonnenstrahlen auf deiner Haut.
Du ziehst das Ruder nun ein und legst es vor dich hin. Du betrachtest die Sonne, die groß über dem Horizont steht, und du genießt ihre vollkommene Wärme. Du blickst zurück und siehst den Strand fern am Horizont. Du hast alles hinter dir

gelassen. Du bist gelassen. Gelassen und in tiefer Ruhe. Du legst dich hin und deine Aufmerksamkeit richtet sich auf den Himmel in seiner endlosen Weite. Du siehst das von der Sonne erhellte Blau. Du siehst die kleinen weißen Schäfchenwolken. Wie sie kommen und weiterziehen. Du siehst die verschiedenen Formen der Wölkchen. Keine gleicht der anderen. Wie freundlich sie doch sind. Und sie kommen und gehen und erfüllen dich mit Freude. Sie sind wie deine Gedanken. Freundlich und jeder in seiner eigenen Form. Und du siehst auch deine Gedanken, wie sie kommen und friedlich weiterziehen. Der Wind hat sich gelegt und die Wellen kommen zur Ruhe. Und auch in dir ist alles zur Ruhe gekommen. Du bist ganz du selbst. Ganz und vollkommen zu dir zurückgekehrt. In tiefer Ruhe.

Du hörst von Ferne ein Plätschern, das sich dir zu nähern scheint. Jetzt kannst du das Plätschern deutlicher hören, es klingt hölzern. Du nimmst eine leichte Erschütterung an deinem Boot wahr und richtest dich auf. Du siehst ein fremdes Boot, das an deines anstößt. Immer wieder, als ob es anklopfen möchte. Du stehst nun auf, um zu sehen, wer da stört. Und du siehst, dass das andere Boot leer ist. Du stehst in leichter Grätsche und beobachtest das Geschehen. Du spürst die Weisheit, die dich wie ein warmer Strahl durchdringt. Das Boot ist leer. Völlig leer. Es kann dir nichts anhaben. Du bist völlig sicher tief in dir und du stehst mit beiden Beinen fest in deinem Boot.

Du nimmst mit beiden Händen den Bug des anderen Bootes und stößt es mit einem kräftigen Schubs wieder auf das offene Meer hinaus. Du kannst deutlich deine innere Sicherheit wahrnehmen. Wie einfach doch die wichtigen Dinge sind. Leicht und voller Freude legst du dich wieder zurück in dein bequemes Boot, um weiter die Schäfchenwolken zu beobachten. Und wie Schäfchenwolken ziehen auch Gedanken an dir vorbei. Du siehst Bilder aus vergangenen Tagen. Tage, an denen kleine Boote an deines gestoßen sind. Und du siehst und erkennst nun deutlich, dass diese Boote alle leer waren.

Und wie kleine Wolken kommen deine Erinnerungen. Du nimmst sie symbolisch in die Arme und lässt sie wieder frei im sanften Meereswind entschwinden. Und mit jedem Gedanken, den du freilässt, spürst du auch deine innere Freiheit. Wie sie größer und schöner wird. Und du lässt deine Gedanken kommen und lässt sie wieder frei. Und du hörst dich rufen: »Es sind nur leere Boote.« Und du hörst dich lachen. Lachen voller Freude.

Du betrachtest deinen Ort der Erkenntnis und richtest dich auf. Du richtest dich auf und nimmst dein Ruder in die Hand. Du bist erfüllt von der Gewissheit, dass du hierher immer wieder zurückkehren kannst, wann immer du es willst. Hier ist

ein guter Platz, um loszulassen. Du schließt noch einmal die Augen und hörst dem sanften Meereswind zu. Du hörst das Rauschen der Wellen. Sanfte Wellen bringen dein Boot in Bewegung. Du genießt das sanfte Schaukeln deines Bootes und spürst, wie leicht und gelassen es seine Schwingungen auf dich überträgt. Und es ist dir, als ob du dieses sanfte Schwingen vor deinem inneren Auge sehen könntest. Mehr und mehr steigen Zuversicht und Freude in dir auf.
Du beschließt, dass es nun Zeit ist umzukehren, gestärkt mit all den guten Gefühlen, die dich jetzt erfüllen. Gestärkt mit dem Wissen um die leeren Boote. Getragen von der Kraft der Sonne, die dein Inneres erhellt hat. Du nimmst dein Ruder in die Hand und tauchst es ein, in das Wasser, das den Rhythmus des Lebens in sich trägt. Du tauchst es ein und stößt dich ab. Deine Aufmerksamkeit nimmt deine Kraft wahr, die es dir ermöglicht, dorthin zu kommen, wohin du möchtest. Mit einem Lächeln stößt du dich mit deinem Ruder erneut ab und der Wind bläst mit sanftem Hauch durch dein Haar. Du nimmst das Ruder aus dem Wasser und holst dabei tief Luft, um es mit der Kraft, die in deinem Atem steckt, wieder ins Wasser zu tauchen. Mit dem Schub des Ausatmens kommst du weiter voran. Du kannst deine innere Energie deutlich spüren. Die Energie, die du in deine Arme lenkst.
Du kannst schon den Strand erkennen, der am Horizont langsam wieder auftaucht. Mit jedem Ruderschlag wirkt er größer und lebendiger. Du siehst das bunte Treiben dort. Der Strand ist voller Leben. Und die Kraft des Lebens lässt dich weiterrudern. Der Bug deines Bootes spaltet kraftvoll die Wellen, die dich umgeben. Und auch der Wind unterstützt dich mit sanfter Kraft. Der Strand ist nun deutlich erkennbar und es ist nur noch ein kleines Stück bis zum Ufer.
Du steigst aus dem Boot und spürst das Wasser, das deine Füße warm und zärtlich umspült. Du nimmst das Boot mit beiden Händen und ziehst es an den Strand, bis es der Boden sicher zum Stillstand bringt. Du stehst mit deinen Füßen auf dem Sand und spürst seine sanfte Wärme. Auch die Wärme der Sonne nimmst du deutlich wahr. Du bindest das Boot fest und weißt tief in dir, dass du, wann immer du es möchtest, wieder hinausrudern kannst, um alle guten Gefühle, die dich stärken, zu erfahren und in dir erneut einzusammeln.

Einsamkeit

Monika: Ich habe niemanden

Monika gab mir ein klares Bild ihres Lebens: Sie steht an der Spüle und wäscht das Geschirr ab, wie eigentlich jeden Tag. Eine Tasse vom Morgenkaffee und ein Teller, eine Gabel und ein Messer vom Abendessen. Sie kocht fast überhaupt nicht mehr, es lohnt sich nicht. Nach dem Abwasch sitzt Monika auf ihrer Kommode und blickt in die Luft. Sie hat nicht einmal Lust fernzusehen. Für ein Buch fühlt sie sich zu müde. Und ausgehen? Diese Frage stellt sich für Monika nicht. Eine Frau wie sie kann doch nicht allein ausgehen. Sicherlich würden die Leute sofort denken, dass sie auf Männerfang sei. Obwohl, ein Glas Rotwein vielleicht ... Nein. Da kommt sie sich blöd vor. Sie legt sich aufs Sofa und hängt ihren Gedanken nach. Sie fühlt sich sehr einsam. Sie überlegt, ihre Tochter anzurufen, vielleicht könnten sie sich am Wochenende sehen und ein bisschen plaudern? Nein, sicher hat sie wieder so viel zu tun und dann ist sie nur genervt, wenn ihre Mutter anruft. Nein, sie wird sich schon melden, wenn sie Zeit hat. Monika hat schon oft überlegt, wieder zu ihrem früheren Sportverein zu gehen, hat es dann aber gelassen, weil ihre Kondition schon lange zu wünschen übrig lässt. Nein, das wäre für sie zu blamabel. Sie dreht sich zur Seite und starrt in den Rücken ihres Sofas, so, als ob sie dort die Lösung für den heutigen Abend finden könnte ...

Trotz aller modernen Kommunikationsmöglichkeiten sind heute viele Menschen einsam. Als ich mich mit Monika ein paar Mal unterhalten hatte, konnte sie langsam die Glaubensgrundsätze erkennen, die ihr Leben so trist machten. Sätze wie »Eine Frau wie ich kann nicht allein ausgehen« oder »Meine Tochter hat ohnehin keine Zeit für mich« führen schlussendlich in die Isolation. Es war daher an der Zeit für Monika, neue Lebensbilder zu erschaffen. Die nächste Phantasiereise kann Menschen wie Monika Mut machen, die hinter einer Eichentür sitzen und sich einsam fühlen. Diese Menschen können sich gewiss sein, dass es unzählige Eichentüren gibt, die darauf warten, dass sie sie aufmachen.

Phantasiereise: Die große Eichentür

Die Vergangenheit ist Geschichte,
die Zukunft ist ein Geheimnis,
doch dieser Augenblick ist ein Geschenk.
Alte indische Weisheit

Das Licht ist fahl. Du sitzt ruhig in der Mitte deines Raumes. Ein Raum, der leer geworden ist. Du siehst dich an einem Tisch sitzen. Mitten auf dem Tisch steht eine dicke Kerze. Ihr Feuer scheint in dein Gesicht. Du siehst dich, wie du den schweren Kopf in deine Hände stützt. Und alle Schwere scheint hineinzugleiten in deine Arme. Du spürst die Wärme deiner Hände auf deinen Wangen und immer mehr Schwere kommt in deine Arme. Schwere und Müdigkeit erfassen deine Glieder.
Du siehst der Flamme deiner Kerze aufmerksam zu, wie sie tanzt und immer in Bewegung zu sein scheint. Das kleine Licht bewegt sich hin und her, als ob es die Balance auf dem Docht der Kerze halten wolle. Und du spürst, wie dich das Licht erleuchtet. Der Schein der Kerze erfüllt dich mit Freude. Und es ist dir, als wenn die Leichtigkeit der Flamme auf dich übergehen würde. Du siehst noch tiefer in die Flamme und jetzt spürst du deutlich die Leichtigkeit und Freude und die Begeisterung auf dich übergehen. Und du siehst noch tiefer in die Flamme, bis du nur noch die Flamme wahrnimmst, wie sie tanzt voll sinnlicher Leichtigkeit. Und du spürst, dass auch tief in dir drinnen eine Leichtigkeit und Fröhlichkeit verborgen ist, die nun mehr und mehr zum Vorschein kommt. Und du kannst diese Leichtigkeit deutlich spüren, wie sie aus den Tiefen deines Innersten aufsteigt und dich immer leichter werden lässt.
Du wirst leichter und leichter mit jedem Atemzug. Du atmest langsam und gleichmäßig. Du nimmst deinen unbeschwerten und leichten Atem deutlich wahr. Und die Leichtigkeit steigt noch weiter in dir auf und du wirst immer leichter und leichter. Du spürst, wie dich deine Leichtigkeit vom Boden abheben lässt und dich völlig unbeschwert schweben lässt. Leicht und unbeschwert schwebst du im Raum. In vollkommener Harmonie und Leichtigkeit.
Du steigst auf, immer mit dem Blick auf die Flamme. Die Flamme, die nun auch in dir brennt. Du siehst zur Flamme hin. Und die Wärme und das Licht lassen Bilder in dir aufsteigen, Situationen, in denen du leicht und unbeschwert warst. Jetzt kannst du sie deutlich sehen. Freude kommt in dir hoch. Und im Geist ist es,

als ob du diese Situationen noch einmal erleben könntest. Leicht und voller Freude. Alle Freude scheint aus dem Licht zu kommen. Und du spürst die Wärme des Lichts, die mehr und mehr in dich eindringt. Und die Wärme lässt dich noch leichter werden. Leicht und schwebend.

Und du möchtest noch mehr sehen. Du siehst dich, wie du jetzt ganz in das Licht eintauchst. Und es ist dir, als ob du fliegen könntest. Du fliegst hinaus aus deinem Raum, hoch in die Luft und umkreist die kleinen weißen Schäfchenwolken am Himmel. Eine warme Sommerbrise weht dir durchs Haar. Du freust dich des Lebens. Du siehst von oben in Ruhe und Gelassenheit mit der Empfindung des tiefen Friedens auf die Menschen. Wie klein doch alles von oben wirkt. Es schnurrt und surrt alles friedlich vor sich hin. Du siehst die Menschen im Park, wie sie miteinander plaudern und sich Geschichten erzählen. Du siehst die Kinder auf den Spielplätzen lachen und toben. Liebende, die sich in den Armen halten und küssen. Und du spürst, wie alles im Licht zueinander findet.

Du fliegst weiter, leicht und unbeschwert, um noch mehr zu sehen. Du fliegst hoch hinauf, bis du die Menschen nur noch als kleine Punkte wahrnehmen kannst. Dann gleitest du wie ein Vogel wieder nach unten und erfährst dabei das Gefühl unbeschwerter Leichtigkeit. Du siehst die Menschen, wie sie laufen, stehen bleiben, miteinander sprechen und weiterziehen. Du siehst sie auf den Märkten, du siehst sie bei der Arbeit. Alle Welt schnurrt und surrt voller Frieden vor sich hin. Und dein Geist treibt dich weiter, über die schnurrenden und surrenden Städte hinaus, über grüne Wiesen und goldene Felder. Du empfindest, wie gut alles ist. Und du fliegst weiter über Wälder und siehst die Menschen beim Waldspaziergang. Alles ist voller Frieden. Voll tiefer Harmonie. Und du fliegst hoch hinauf auf einen großen Berg. Hier ist die Luft kühler, aber eine innere Kraft lässt dich weiter bis ganz nach oben fliegen.

Oben auf dem Gipfel siehst du einen Wanderer auf einem Felsen sitzen. Er starrt regungslos in die Gegend. Du fliegst näher und näher an ihn heran, bis du dich neben ihm niederlässt. Du kannst deutlich sehen, dass er schon lange unterwegs sein muss, denn er sieht sehr müde aus. Müde und erschöpft. Er muss wohl auch schon lange hier oben sitzen, er wirkt sehr einsam und traurig. Du stellst dich vor ihm hin und beschließt ihn mitzunehmen. Mit zu den Menschen. Er scheint durch dich hindurch zu sehen. Als hätte die lange Einsamkeit ihm den Blick getrübt. Und du nimmst ihn bei den Händen. Er sieht dich zaghaft an. Aber du flüsterst ihm zu: »Es ist Zeit, sich auf den Weg zu machen.« Und du ziehst ihn langsam zu dir hoch. Und deine Leichtigkeit scheint auf ihn überzugehen. Du hältst ihn mit beiden

Armen fest und beginnst dich langsam in der Luft zu drehen. Du drehst dich mit dem einsamen Wanderer im Kreis. Du siehst ihn an und kannst erkennen, wie ein kleines verstecktes Schmunzeln auf seine Lippen kommt. Und auch du spürst, wie in dir ein Lächeln entsteht. Und ihr dreht euch immer schneller, wie ein großer Propeller. Und die Drehungen werden immer schneller und das Lächeln wächst sich aus zu einem lauten, fröhlichen Lachen. Und die Drehungen werden noch schneller und es bildet sich eine große weiße Windhose unter euch. Ihr dreht euch miteinander und mit jeder Drehung steigt die Freude. Die Windhose wird noch größer und mächtiger und hat nun den Boden erreicht. Sie zieht einen Spaziergänger zu euch hinauf. Du folgst mit den Augen seinen Drehbewegungen, die ihn immer weiter zu euch heraufziehen, bis er schließlich ganz nah bei dir ist. Und der Wandersmann richtet sich auf. Sein Lächeln ist jetzt deutlicher zu erkennen und das Licht ist in seine Augen zurückgekehrt.

Du siehst tief bis in das Auge der Windhose und bemerkst, dass durch eure Drehung immer mehr Menschen zu euch hinaufgezogen werden. Einer nach dem anderen schließt sich der Kette an. Du spürst nun deutlich die unendliche Kraft, die von dir ausgeht, und erfreust dich daran. So viele Menschen haben nun einen großen Kreis gebildet und drehen sich im Rhythmus des Lebens. Du genießt jede Bewegung und das Gefühl einer großen Gemeinschaft. Dein Wandersmann ist jetzt voller Freude und lacht laut vor sich hin.

Du beschließt nun, alle mit zu dir nach Hause zu nehmen. Du fliegst voran und alle Menschen hinter dir her. Noch einmal siehst du den großen Berg hinter dir und unter dir den Wald. Du siehst hinunter zu den Menschen, siehst, wie sie dir zuwinken und Grüße senden. Du fliegst weiter über die goldenen Felder und die grünen Wiesen. Und überall winken dir die Menschen zu. Und du fliegst weiter voller Leichtigkeit. Bis hinein in das Schnurren und Surren der Stadt. Du fliegst weiter die Straßen und Gassen entlang bis zu deinem Haus. Du wartest, bis dein Wandersmann und alle Menschen, die dir gefolgt sind, hier angelangt sind. Du deutest ihnen, dir zu folgen, und gehst ein paar Schritte hin zu deiner Tür. Eine große schwere Eichentür. Wie mächtig sie ist. Du betrachtest das starke Holz und ihre schweren Metallbeschläge. Du möchtest sie öffnen und blickst dich um. Deine Gefolgschaft steht hinter dir, als ob sie auf irgendetwas wartet. Du wendest dich wieder deiner Tür zu und siehst einen großen Schraubenzieher vor dir liegen. Erstaunt hebst du ihn auf und siehst zu deinen neuen Freunden. Alle nicken dir zu. Wie durch eine unbekannte Kraft gelenkt, dreht deine rechte Hand die Schrauben des ersten Metallbeschlages aus der Tür, wieder drehst du dich um und siehst

deine Freunde dir zunicken. Du entfernst nun den zweiten Beschlag aus der Tür und siehst wieder zu deinen Freunden zurück. Sie sind ein gutes Stück näher gekommen und scheinen dir Mut zuzusprechen, nun auch den letzten Beschlag deiner Tür zu entfernen. Du spürst nun ganz genau, dass du das Richtige tust. Du schraubst den letzten Beschlag von deiner Tür und spürst das Gefühl der unendlichen Befreiung in dir. »Wie schön ist es loszulassen«, sagst du aus vollem Herzen. Die Tür wackelt nun leicht und deine Freunde sind jetzt ganz nah bei dir. Alle packen mit an und heben die Tür aus den Angeln. Ihr tragt sie gemeinsam hinaus. Singend entfernt ihr gemeinsam die schwere Eichentür mit ihren Metallbeschlägen. Und Freude und tiefe Weisheit durchströmen dich.
Du gehst hinein in deine Stube und siehst, wie das Licht mit seinem breiten Strahl jetzt durch alle Öffnungen dringt. Du bist mitten unter deinen neuen Freunden. Du siehst, wie freundlich alles im Licht ist. Und das Licht lässt dich immer tiefere Erkenntnisse gewinnen. Du spürst den Frieden und die Freude, die sich jetzt in dir entfalten. Du siehst dich mitten im Raum auf einem Stuhl sitzen. Alle Freunde haben sich um dich versammelt. Und du beschließt, deine innere Stube in den schönsten Farben auszumalen.

Beziehungskrise

Wladimir: Meine Frau ist chronisch eifersüchtig

Wladimir war der Verzweiflung nahe. Er beklagte sich mittlerweile in jeder Unterhaltung mit mir darüber, dass er es mit seiner Frau nicht mehr aushalten würde, da sie chronisch eifersüchtig sei. Und das, ohne dafür irgendeinen Grund zu benötigen. Wenn er nach Hause kam, bombardierte sie ihn mit haltlosen Vorwürfen, angefangen damit, dass der Autositz verstellt sei, bis dahin, dass sie wieder einmal seine Anrufe am Handy kontrolliert und dabei eine »unbekannte Nummer« gefunden habe. Und dann sprudelte es Anschuldigungen aus ihr heraus wie Lava aus einem Vulkan. Es folgten in der Regel heftige Wortgefechte, Schuldzuweisungen und Rechtfertigungen, knallende Türen, Wutausbrüche – und irgendwann nahm Wladimir seinen Mantel und ging. »Ich halte es einfach nicht mehr aus mit ihr. Die letzten drei Jahre waren die reine Zumutung und es kommt mir so vor, als ob es mit jedem Tag schlimmer wird. Geht das nun ein Leben lang so weiter?«, fragte Wladimir verzweifelt.

Wir untersuchten die Sache genauer und stellten fest, dass sich Wladimir ein durchaus nachvollziehbares, aber auch problematisches Verhalten angewöhnt hatte: Ständig wehrte er sich gegen die haltlosen Vorwürfe und begann zu lügen, wenn er etwas tat, was bei ihr wieder einen Verdacht wecken könnte. Oder er tat es schon gar nicht mehr. Früher ging er öfter nach der Arbeit mit seinen Kollegen in ein Kaffeehaus, um zu plaudern. Manchmal ist es da schon recht »früh« geworden. Dies machte er jetzt nur noch sehr selten. Und wenn er es tat, erfand er Geschichten wie »Ich musste heute länger arbeiten ...« Er versuchte damit, seine Frau zu schonen und keine Verdächtigungen in ihr aufkommen zu lassen. Oder vielleicht besser ausgedrückt: Er wollte sich der Auseinandersetzung nicht stellen. Was zum einen ja sehr verständlich ist, zum anderen hatte er damit zugelassen, dass die Eifersucht seiner Frau nun sein Verhalten steuerte.

Außerdem half es nichts, die Eifersucht suchte unentwegt nach Bestätigung, obwohl ihr Wladimir nie das Futter gab, was sie suchte. Aber eine Rechtfertigung, der Verweis auf Überstunden kamen ihr gerade recht. In Gedanken würde sich seine Frau wahrscheinlich vorstellen, wie alle aus dem Büro gehen und nur zwei Schreibtische beleuchtet bleiben: der von ihrem Mann und der von der Sekretärin. Das Übrige schafft die Phantasie. Eifersucht ist in ihrer Energie nicht zu unterschätzen. Sie ist noch immer eines der häufigsten Motive für Gewaltverbrechen. Um das Problem aber nachhaltig zu lösen, wäre es sicher ratsam, einen Profi für Paartherapie ins Boot zu holen.

Wir suchten im Gespräch nach Möglichkeiten, die Wladimir jetzt helfen könnten. Zwei Dinge erschienen mir wichtig: Zum einen musste Wladimir aus der Falle herausfinden, sein Leben von der Eifersucht seiner Frau bestimmen zu lassen. Es ist schon ein böses Spiel: Die Eifersucht beginnt oft aus einer Unsicherheit heraus, sie wird getragen von der Angst, den Partner zu verlieren, und strickt sich dann ein Muster, das den Partner veranlasst, auch bei harmlosen Lebenssituationen zu lügen, was wiederum der Eifersucht in gewissem Maße ihre Berechtigung verleiht. In der Folge denkt sich die eifersüchtige Person neue und gewiss schärfere Methoden aus, was wiederum zu mehr Ausweichstrategien des Partners führt und so weiter. Für einen Partner, der wie Wladimir mit einer schweren Form der Eifersucht konfrontiert ist, wäre es anzuraten, das ureigene Verhalten nach Möglichkeit beizubehalten und sich nicht von dem Umstand der Eifersucht steuern zu lassen. Wladimir könnte zum Beispiel damit beginnen, seiner Frau wieder die »schonungslose« Wahrheit zu sagen. Das kann Vertrauen schaffen. Er könnte ihr zum Beispiel sagen, dass er mit seinen Arbeitskollegen noch etwas trinken geht, oder sie noch besser gleich mal dazu mit einladen. Die auf solche Vorschläge folgende Auseinandersetzung wird sicher erst mal nicht viel anders ablaufen als sonst. Doch über kurz oder lang könnte der Teufelskreis durchbrochen werden und sie könnte wieder ein wenig Vertrauen fassen.

Die andere Seite ist, dass es für Wladimir hilfreich sein könnte zu lernen, seine Frau wieder als das zu sehen, was sie ist, und sie mit den Augen der Liebe zu betrachten. Sie ist ein Mensch, der vom Übel der Eifersucht heimgesucht wird. Schon in der Formulierung könnte er darauf achten, das Eifersüchtigsein von der Person zu trennen. Die Formulierung »Meine Frau ist eifersüchtig« macht die Sache im Kopf irreparabel. Betrachtet man es aber so: »Meine Partnerin hat mit Eifersucht zu kämpfen«, entsteht ein völlig anderes Bild im Kopf. Oder: »Meine Partnerin hat Angst ... um unsere Partnerschaft ... um unsere gemeinsamen Pläne und Ziele ... dass jemand in unseren Kreis eindringt ...« Das kommt einerseits der Wahrheit näher und stempelt den Betroffenen nicht als eifersüchtig ab.

Wladimir war nach einigen Gesprächen sehr dankbar, seine Frau wieder mit den Augen der Liebe betrachten zu können – auch in den derzeit schwierigen Umständen. Er hat wieder begonnen, die Wahrheit zu sagen, und das allein hat ihm bereits wieder ein besseres Lebensgefühl gebracht. Ungeachtet dessen würde sein Weg sicherlich noch eine ganze Reihe nicht zu unterschätzender Herausforderungen enthalten. Doch nun war er auf dem Weg und fühlte sich dabei immer besser.

Die nächste Phantasiereise erweitert den Blick auf den Partner, der möglicherweise in einem Geflecht von Schwierigkeiten steckt. Sie kann mit dem Gefühl der Liebe Menschen, die ihren Partner aus den Augen verloren haben, das Herz öffnen und ein Segel auf dem gemeinsamen Boot sein.

Phantasiereise: Segel im Wind

Bereit sein ist viel, warten können ist mehr,
den Augenblick zu nützen ist alles.
Arthur Schnitzler

Es ist ruhig um dich. Gelassenheit breitet sich immer mehr in dir aus. Du hörst nur noch deinen ruhigen und gleichmäßigen Atem. Alle Konzentration hat sich auf den Punkt deines Körpers gerichtet, an dem du deinen Atem intensiv empfindest. Ruhig atmest du ein. Und ruhig atmest du wieder aus. Und immer mehr gehst du im Rhythmus deines Atems gedanklich zu deinem inneren Mittelpunkt. Du hörst in tiefer Ruhe deinen Atem. Gleichmäßig strömt er in dich hinein und wieder heraus. Wie Wellen im Meer. Und mit jedem Atemzug siehst du auch deutlich die Wellen des Meeres vor dir. Wie sie tanzen im Wind der Leichtigkeit. Du öffnest dich noch mehr, du steigst gedanklich aus dir heraus und genießt die vollkommene Leichtigkeit deines Seins. Du bist nun leicht wie der Wind. Du spürst, wie sich dein ganzer Körper der Leichtigkeit hingibt. Und du steigst empor mit der Leichtigkeit des Windes. Du siehst dich selbst unter dir und du betrachtest dich mit deiner ganzen Liebe. Ein Lächeln der Güte verziert dein Gesicht.
Und du siehst dich in einem großen Segelboot. Du siehst, wie es in sanfter Gleichmäßigkeit die Wellen durchpflügt. Der Wind füllt das Segel auf und treibt das Boot vor sich her. Du siehst dich selbst, weit hinausgelehnt. Du siehst auch deinen Partner dir gegenüber, wie er angestrengt versucht, das Boot zu lenken. Du betrachtest diese Szene in aller Ruhe. Und du siehst weit über das Meer hinaus. Siehst die Sonne am Horizont, wie sie ruhig und gleichmäßig ihre Bahn zieht. Und so wie das warme Licht dringt nun auch tiefe Weisheit in dich ein. Weisheit erfüllt dein ganzes Denken. Und du hörst die Wellen rauschen und den Wind flüstern. Du legst dich zurück, um dich vom Wind tragen zu lassen. Und wie mit einem Lächeln trägt der Wind dich vor sich her. Du genießt die Leichtigkeit, du schwebst leicht und siehst zum Himmel. Du erkennst seine unendliche Weite.
Du breitest nun die Arme weit aus, um noch leichter zu schweben. Und mit dem Öffnen deiner Arme dringt immer mehr Wärme in dich ein. Du öffnest deine Arme noch weiter und je mehr du sie öffnest, umso leichter wird dein Gemüt. Du drehst zufrieden deine Kreise um das Segelboot herum. Du lässt dich fallen, um es aus der Nähe zu betrachten, und hebst dich wieder empor. Wie die Wellen im Meer tanzt du schwebend durch die leichte Luft. Und du siehst dich zugleich aus der

Ferne in dem Boot sitzen, wie du dich weit hinausstreckst. Mit einem sanften Lächeln strömt deine Leichtigkeit wie ein warmer Sonnenstrahl auf das Boot, um sich dort auszubreiten. Du siehst dich selbst zu dir heraufblicken. Staunend und erfüllt von unendlicher Weisheit. Du siehst, wie du aufstehst und zum Himmel blickst. Du siehst dich, wie du die Arme ausbreitest, um alles Licht in dir aufzunehmen. Du siehst dich, von einem Lächeln erfüllt, voll Freude und Zufriedenheit. Du siehst dich leichten Fußes auf die Spitze des Bootes zugehen. Wieder breitest du die Arme aus, um die Kraft des Windes auf dir zu spüren. Es ist dir, als wenn du die ganze Kraft des Windes in dir aufnehmen könntest. Die warmen Sonnenstrahlen, der sanfte Wind auf deiner Haut, ein Gefühl von unendlicher Freude.
Dein Blick gleitet weit hinaus über das offene Meer. Du siehst die Wellen tanzen, als ob sie die Freude mit dir teilen möchten. Du wendest langsam deinen Blick zurück auf das Boot, siehst die starken Segel, die gefüllt sind mit der Kraft des Windes. Du siehst deinen Partner, wie er noch immer weit hinausgelehnt und angestrengt versucht, das Boot zu steuern. Ein mildes Lächeln erfüllt dein Gesicht. Du gehst zu ihm und setzt dich neben ihn. Du siehst, wie die Anstrengung sein Gesicht verspannt hat. Du legst sanft deine Hand auf seine und es ist, als wenn das Licht, das du in dich aufgenommen hast, nun zu ihm überlaufen würde. Du siehst nun, wie dein Licht in seine Hand eindringt und sie durchflutet. Du kannst das Licht sehen, wie es seinen Arm entlangwandert und nun nach und nach seinen Oberkörper erfüllt. Das Licht steigt mehr und mehr, hoch über seinen Hals in seinen Kopf. Du kannst sehen, wie sich die Spuren der Anstrengung nach und nach auflösen. Du siehst, wie sich dein Partner aufrichtet und alle Anstrengung fallen lässt. Er betrachtet dich voller Liebe. Du kannst nun die Erleichterung spüren, die euch umgibt. Du siehst, wie ihr euch in die Arme nehmt, und tiefe Zuneigung durchflutet dich. Du erhebst dich und nimmst deinen Partner bei der Hand, um mit ihm zur Spitze des Bootes zu gehen. Du kannst das sanfte Lächeln deines Partners erkennen. Und auch du lächelst voll Freude. Eure Hände sind ineinander verschlungen und mehr und mehr spürst du einen tief empfundenen Zusammenhalt. Ihr geht zusammen an die Spitze des Bootes. Eure Blicke sind nach vorn gerichtet und das Gefühl von unbesiegbarer Stärke durchdringt dich. Ihr seht weit hinaus auf das offene Meer. Ihr spürt die unendliche Kraft der Schöpfung, die sich in den Wellen und im Wind widerspiegelt. Ihr spürt immer mehr eure Stärke, die im Gemeinsamen liegt. Und ihr seht, wie euer Boot die Wellen nun stärker durchdringt und wie es immer mehr an Fahrt gewinnt. Dankbar segelt ihr gemeinsam, getragen von der Kraft des Windes, der Sonne entgegen.

Schwierige Kinder

Petra: Meine Söhne machen mir das Leben zur Hölle

Was nützt die beste Erziehung,
unsere Kinder machen uns ohnehin alles nach.
Sprichwort

Petra stammte aus einem konservativen Elternhaus. Insbesondere ihr Vater hatte einen Erziehungsstil gepflegt, der eher mit Dressur in Verbindung zu bringen ist als mit liebevoller Führung. Trotzdem – oder gerade deswegen – bewunderte und verehrte Petra ihren Vater. Ihre Mutter war grundsätzlich auch autoritär, hatte aber immer dann, wenn ihr der Vater zu streng erschien, dessen Entscheidungen heimlich zu umschiffen versucht. Petra betrachtete ihre Mutter als eine eher schwache und eingeschüchterte Person. Sie hatte ihr Elternhaus mit knapp siebzehn verlassen und war bald darauf schwanger geworden. Sie hatte sich fest vorgenommen, ihre Kinder völlig anders zu erziehen, als sie dies bei ihren Eltern erlebt hatte. Sie warf ihnen vor, sich nie wirklich mit dem Thema Kindererziehung auseinandergesetzt zu haben. Während der Schwangerschaft hatte Petra daher sehr viel über Erziehung gelesen: Sie wollte alles richtig machen und ihren Eltern beweisen, dass sie es besser kann.

Als ich Petra kennen lernte, war sie siebenundzwanzig. Ihre Söhne, neun und sieben, machten ihr das Leben zur Hölle, wie sie sagte. Petra kontaktierte mich, weil sie die Jungs gern Hypnotische Phantasiereisen machen lassen wollte, damit sie ruhiger würden. Denn es gab an allen Ecken und Enden Schwierigkeiten mit ihnen: Sie schafften es in der Schule nicht, auch nur eine Stunde still zu sitzen, und brachten ihre Lehrer an den Rand des Wahnsinns. Auch Eltern anderer Kinder beschwerten sich ständig über die beiden. Petra schien sehr verzweifelt.

Sie erzählte, dass sie die Jungen antiautoritär erzog, weil ihr dieser Stil sehr gefallen hätte und sie ihn für richtig hielt. Aber ausgerechnet bei ihren Kindern würde es überhaupt nicht fruchten. Petra sprach ausführlich über ihre Ansichten und stellte klar, dass sie den Erziehungsstil ihrer Eltern vollkommen falsch fand. Darum hatte sie ja auch versucht, es ganz anders zu machen. Kurzum: Sie führte die Kinder überhaupt nicht, sie ließ sie machen, was sie wollten. Das heißt auch, dass sie ihre Rolle als Bezugsperson nicht wahrnahm. Wenn eine Situation zu eskalieren drohte, kippte sie fatalerweise rasch in das Verhaltensmuster ihres Vaters: Sie tobte und zeigte sich in der Wut und Verzweiflung äußerst autoritär, was ihre Söhne verständlicherweise erst recht verstörte. Diesen Punkt einzusehen und vor sich selbst zuzugeben fiel Petra besonders schwer.

Petra erzählte, dass bei ihren beiden Söhnen die gleichen Symptome auftreten würden. Das wunderte mich, denn oftmals sind Kinder mit Geschwistern darum bemüht, etwas Besonderes zu sein und ganz bewusst anders aufzutreten als Bruder oder Schwester. So kommt es nicht selten vor, dass beispielsweise ein lauter älterer Junge einen ruhigen jüngeren Bruder hat. Ich bat Petra, mir genauer von den Eigenheiten ihrer beiden Kinder zu erzählen. Daraufhin sagte sie, dass der Ältere *natürlich* die Verantwortung für den Jüngeren zu tragen habe, schließlich sei er ja schon der Große. Petra erschrak selbst, als sie es aussprach, und dieser Schreck schien nun einiges in ihr in Bewegung zu bringen.

Bei den folgenden Begegnungen versuchte ich verstärkt, die Charakterzüge der beiden Geschwister herauszufinden. Petra fühlte sich dadurch in Bedrängnis, denn sie merkte, wie wenig sie eigentlich von ihrem jüngeren Sohn wusste. Sie hatte ihn immer wie eine kleinere Version des Ältesten angesehen und nie die Individualität eines jeden Menschen in Betracht gezogen. Petra wollte ein Verhalten, das sie nicht mochte, mit Nicht-Verhalten ausgleichen. Sie vergaß dabei, sich bewusst mit ihren Kindern auseinanderzusetzen. Diese mussten deshalb enorm viel Energie aufwenden, um die Aufmerksamkeit zu erhalten, die sie brauchten. Petra erkannte für sich, dass sie das Verhalten, das sie ihren Kindern vorlebte, auch von ihnen gespiegelt bekam. Sie nahm sich vor, ihre Söhne besser kennen zu lernen.

Es war ein harter Weg für Petra. Vieles Unbequeme musste sie einsehen, dennoch fühlte sie sich durch jede dieser Erkenntnisse erleichtert. Nach und nach entspannte sich die Situation bei ihr zu Hause. Sie erkannte auf ihrem Weg, dass auch der autoritäre Erziehungsstil ihrer Eltern etwas Positives hatte, und beschloss, sich damit bewusst auseinanderzusetzen.

Indem sie ihre Kinder endlich aufmerksam beobachtete, konnte sie erkennen, dass ihr älterer Sohn unter Hyperaktivität litt. Es war für sie sehr beruhigend zu erfahren, dass dies nicht unbedingt mit ihrem Erziehungsstil zu tun haben musste, sondern dass mehr als zehn Prozent der Jungen heute davon betroffen sind. Sie fand einen Spezialisten, der sich mit diesen Symptomen schwerpunktmäßig beschäftigt, und es waren bald erste Erfolge zu erkennen.

In einem unserer letzten Gespräche erzählte sie mir, wie wichtig es für sie gewesen sei, sich die genauen Unterschiede zwischen autoritärer, antiautoritärer und individueller Erziehung bewusst zu machen. Das half ihren Söhnen in der Folge enorm. Für Petra selbst war es besonders hilfreich, bei mir zu lernen, in der Phantasie in verschiedene Rollen zu schlüpfen. Denn ihr reales Leben ließ ihrer Individualität von Kindesbeinen an nicht viel Spielraum. Mit Hilfe von Phantasiereisen aber konnte sie sich in den unterschiedlichsten Facetten ihres Seins erfahren und erproben.

In diesem Sinne sei die nächste Phantasiereise empfohlen. Sie ist besonders für Menschen geeignet, die mit den Schwierigkeiten, die ihre Individualität manchmal so mit sich bringt, konfrontiert sind. Sie kann dazu beitragen, die Schönheit des menschlichen Individuums in den Fokus der Aufmerksamkeit zu rücken.

Phantasiereise: Der kleine bunte Hund

Es ist Zeit einzusteigen. Einzusteigen in den großen Zug, um eine Reise zu machen. Du öffnest die Tür zum Waggon und steigst ein. Du siehst den Gang entlang. Du siehst die Gepäckstücke vieler verschiedener Menschen. Dein Gepäck ist schwer. Schwer wie deine Augen. Du findest deinen Platz, hebst dein Gepäck auf die Ablage und lässt dich müde in deinen Sitz fallen. Du lehnst deinen Kopf zurück und spürst die weiche Polsterung. Auch unter deinem Körper kannst du das weiche Polster deutlich fühlen. Es ist, als wenn deine ganze Schwere in das Polster hineinsinkt. Deine Arme liegen ruhig und entspannt auf den Lehnen. Du atmest tief durch. Dein Atem wird nun gleichmäßig und ruhig. Du nimmst ihn deutlich wahr.

Langsam wird es ruhig in dir. Es kommt dir so vor, als wenn das Getöse auf dem Bahnhof immer weiter entfernt sei. Wie aus der Ferne nimmst du einen schrillen Pfiff wahr und der Zug setzt sich langsam in Bewegung. Und im Rhythmus seines leisen Ratterns atmest du tief ein. Und wieder aus.
Gelassenheit breitet sich in dir aus, denn du bist nun auf der Reise. Du schiebst die Vorhänge des Fensters zur Seite, um den Blick nach draußen zu richten. Du siehst das weite Land, das ruhig an dir vorüberzieht. Du siehst die frischen Wiesen, die wie ein grüner Teppich vor verschlafenen Häusern liegen. Die goldenen Ähren, die ihre Halme gleichmäßig im Wind bewegen. Deine Augen wandern an den Halmen entlang und sehen, wie sich mittendrin etwas rasch bewegt. So, als ob sich etwas sehr Kleines zwischen den großen Halmen durchkämpfen würde. Immer heftiger siehst du die Halme auseinander- und wieder zusammengehen. Immer mehr Halme biegen sich zur Seite, um sich bald darauf wieder aufzurichten. Du öffnest das Fenster weit, um noch besser hinaussehen zu können. Das Feld scheint immer näher zu kommen, so nah, dass du meinst, das Rascheln der trockenen Halme hören zu können.
An der Grenze zu einer saftigen, frischen Wiese öffnen sich nun die Halme und ein kleiner Hund springt aus dem Feld. Du siehst seine schnellen Bewegungen, die ihn immer näher an den Zug treiben. Du winkst ihm zu, als ob du ihn begrüßen möchtest. Er erwidert deinen Blick ebenso freundlich und läuft noch näher an den Zug heran. Immer schneller werden seine Bewegungen und er steuert auf deinen Waggon zu. Er ist nun auf gleicher Höhe mit deiner Waggontür. Er wirft dir einen Blick zu, als ob er dir etwas Wichtiges sagen möchte. Seine Bewegungen werden noch schneller und er springt mit einem riesigen Satz auf die Treppe der Waggontür. Er kann kaum das Gleichgewicht halten und der Fahrtwind bläst in sein kleines Gesicht. Du gehst ihm entgegen und siehst, wie er völlig entkräftet auf der Treppe sitzt und versucht heraufzukommen. Du beugst dich zu ihm hinunter und nimmst ihn mit einem Arm zu dir herauf. Er hechelt wegen der Anstrengung und du streichst ihm vorsichtig über sein wuschliges Fell. Er dreht den Kopf zur Seite und sieht dich mit seinen schwarzen Knopfaugen dankbar an.
Erst jetzt kannst du ihn näher betrachten. Deine Hand streicht ihm über den Kopf, bis zu seinen Pfoten. Du betrachtest ihn aufmerksam. Wie außergewöhnlich er doch aussieht. Jede seiner Pfoten hat eine andere Farbe. Leuchtende Farben wie der Regenbogen. Farben, die dir sehr vertraut sind. Es sind deine Farben. Voller Erstaunen betrachtest du jede Pfote einzeln. Die erste Pfote leuchtet in tiefem Gelb, so als ob sie dem Sonnenlicht entnommen wäre. Du fährst sanft darüber und es ist dir,

als wenn für einen Augenblick das Licht der Farbe durch deine Hand leuchten könnte. Die zweite Pfote zeigt sich in hellem, leuchtendem Blau, wie ein Blick von einem Berg auf das offene Meer. Die dritte wirkt wie ein leicht durchsichtiger Edelstein, vielleicht ein Malachit, in sanftem, leuchtendem Grün. Die vierte Pfote zeigt sich in sanftem Rot wie das Firmament vor Sonnenaufgang. An seinem Körper scheinen die Farben der Pfoten fließend ineinander überzugehen. Wie eine Neuschneelandschaft, in reinstem Weiß, ragt sein Köpfchen aus seinem bunt leuchtenden Körper. Er erfreut dein Gemüt und ein Schmunzeln zaubert sich auf deine Lippen. Tiefe Freude erfüllt dein Innerstes und steigt in dir hoch wie eine Wärmequelle. Du drückst deinen kleinen Freund fest an dich und lächelst. Der kleine bunte Hund schließt die Augen und drückt sein Köpfchen an dich. Du kannst seine Wärme spüren, wie sie dich erfüllt.

Es kommen Erinnerungen in dir hoch, die auch deine bunte Seite zeigen. Alle Farben sind auch in dir vorhanden. Du kannst sie deutlich sehen. Du kannst sie fühlen. Immer deutlicher und deutlicher. Du tauchst ein in deine bunten Erinnerungen. In gelbe voll Licht und Wärme. In blaue, die wie eine kühle Erfrischung an einem heißen Sommertag sind. In grüne, wie ein Spaziergang durch frisches Gras. In rote, die angefüllt sind mit der Energie und Kraft deines Schaffens. Und diese Energie spürst du jetzt von deinen Füßen her hochsteigen. Wie ein sanfter Lavastrom durchflutet deine Energie nun deine Beine. Und eine wohlige Wärme breitet sich in dir aus. Weiter nach oben bis in deinen Oberkörper kannst du deine Energie spüren. Deine Arme, deine Hände sind aufgefüllt mit Energie. Immer höher und höher steigt deine Kraft und auch dein Kopf ist nun aufgefüllt mit Energie. Du genießt diesen Augenblick voll Hingabe und Harmonie. Du spürst die Wärme und die Zuneigung deines kleinen Freundes, die immer mehr in dich eindringt.

Langsam öffnest du deine Augen und es ist dir, als ob tiefe Weisheit in dich eindringt. Du betrachtest deinen kleinen Freund, wie er voller Hingabe und Vertrauen zu dir wieder zu Kräften gelangt. Seine bunten Pfoten strecken sich und sein kleiner Kopf betrachtet dich voller Dankbarkeit.

Du spürst nun, dass es Zeit ist, ihn wieder laufen zu lassen. Langsam bückst du dich und setzt ihn sanft auf den Boden. Sein Köpfchen neigt sich zur Seite und blickt dich voller Hoffnung an. Du streichst ihm durch sein wuscheliges, ungestümes Fell und ermutigst ihn, getragen von innerer Weisheit, seine eigenen Schritte zu gehen. Du siehst, wie er seinen ersten Schritt tut, dann den zweiten, dann hält er inne und blickt zu dir zurück. Du lächelst ihm zu, voller Zuversicht. Er richtet nun seinen Blick nach vorn. Dabei entdeckst du, dass dein kleiner Freund Spuren

hinterlässt. Spuren in den Farben seiner Pfoten. Mit leichter Heiterkeit folgst du den gelb-blau-grün-roten Spuren, die den grauen Boden so schön und freundlich färben.
Dein kleiner Freund schnüffelt vorsichtig an den Beinen der Fahrgäste, als ob er die ganze Welt erkunden möchte. Zu jedem Einzelnen läuft er hin, riecht an jeder Ecke und taucht dabei den grauen Waggon in bunte Farbtupfer. Immer mehr und mehr Farbe erfüllt den Waggon. Und aus jedem Farbtupfer scheint Licht herauszuleuchten. Licht, das nach und nach den ganzen Waggon erfüllt. Du nimmst diesen Augenblick voller Hingabe und Liebe wahr. Wie schön es doch im Licht ist. Und auch die Fahrgäste scheinen nun von dem Licht angesteckt und ihre grauen, zuvor in Zeitungen versteckten Gesichter wirken freundlicher und freundlicher. Angesteckt von der Freundlichkeit so vieler Menschen springt dein kleiner Freund nun voller Freude auf und ab und füllt auch die Wände mit seinen lustigen Farbtupfern. Nun leuchtet das Licht der Farben durch den ganzen Waggon. Du breitest deine Arme aus und läufst dem kleinen Hund entgegen. Voller Dankbarkeit über deine Freude nimmst du ihn in deine Arme und drückst ihn fest an dich. Seine Farben scheinen noch heller zu leuchten und dringen tief in dich ein. Mit jedem Atemzug nimmst du die Farben des Lichts in dein Innerstes auf. Du spürst, wie tiefes Rot dir Energie verleiht, du empfindest, wie das kräftige Grün deine Zellen erneuert, wie das kühle Blau deinen Geist erfrischt und das satte Gelb dir Zuversicht verleiht. Du lässt dich erleichtert auf deinem Platz nieder. Alle Schwere hat sich in den Farben des Lichts aufgelöst. Du bist umgeben von der Leichtigkeit des Seins. Du hörst deinen Atem, der im Rhythmus des Zuggeräusches mitschwingt auf deiner Reise in deinem bunten Waggon.

Sexuelle Unlust

Herbert: Ich hab Migräne wie ein Weib

Herbert rief mich an einem vorangeschrittenen Sommerabend an. Er hatte meine Daten aus dem Internet. Ich fragte ihn mehrfach, was ich für ihn tun könne, doch er schwieg. Irgendwann holte er tief Luft und sagte, er könne nicht darüber sprechen. Ich nahm mehrere Anläufe, um ihm Mut zu machen, doch vergebens. Schließlich schlug ich ihm vor, einen Termin zu vereinbaren.

Herbert wirkte wie ein fröhlicher Mitdreißiger, elegant gekleidet, gepflegtes Äußeres. Er machte auf mich einen sehr offenen Eindruck. Ich bot ihm Tee an und er erzählte von seinen beruflichen Erfahrungen. Später erfuhr ich auch, dass er verheiratet ist und zwei Kinder hat. Seit mehr als zwei Jahren plagten ihn massive Kopfschmerzen und eine Licht- und Geräuschempfindlichkeit, die zuletzt als Migräne diagnostiziert wurde. Die Migräneanfälle kamen in unregelmäßigen Rhythmen und waren von unterschiedlicher Dauer. Herbert aber kam nicht etwa deswegen zu mir, weil er die Beschwerden mit Hilfe der Hypnose lindern wollte, sondern eher um herauszufinden, ob diese Diagnose seines Arztes überhaupt stimmen konnte. Er hatte bisher angenommen, dass Männer eigentlich nur selten, wenn überhaupt, von Migräne betroffen seien. Ich erzählte Herbert mein sehr überschaubares Wissen diesbezüglich: Frauen sind statistisch etwa dreimal so häufig betroffen wie Männer. Die Ursachen der Migräne sind schulmedizinisch ungewiss. Auffällig ist, dass sich in vielen Fällen der Kopf in extreme Verspannung begibt, was bis zu Wahrnehmungsstörungen führen kann. Häufig geht dies auch mit einer geistigen Verspannung einher. Und nicht selten hat es mit sexueller Verweigerung zu tun, die zumeist nicht an der Oberfläche zu erkennen ist. Bei Frauen tritt dies oft auf, wenn sie mit ihrem Sexualpartner aus unterschiedlichen Gründen keinen Sex mehr haben möchten. Nicht selten wird zum Beispiel Alkoholisierung des Partners oder eine gewisse Art der Ungepflegtheit oder Rücksichtslosigkeit genannt. Bei Männern resultiert die sexuelle Verweigerung zumeist aus dem Leistungsdruck, den sie sich oft selbst oder gesellschaftlich bedingt auferlegen. Für Männer wie für Frauen ist dies oft die einzige »legale« Möglichkeit, keine Lust zu haben.

So auch bei Herbert. Wir mussten einander mehr als zehn Mal treffen, ehe er darüber sprechen und die Diagnose akzeptieren konnte. Die Wissenschaft der letzten hundert Jahre hat es den Männern auch hier nicht gerade leicht gemacht. »Ein richtiger Mann hat immer Lust« – mit solchen Sprüchen kann sich ein Mann schnell als Versager fühlen, wenn bei ihm beispielsweise stressbedingt das sexuelle Verlangen nachlässt. Herbert hat unter meiner Anleitung viele verschiedene Phantasiereisen unternommen. Von der folgenden hat er besonders intensive Eindrücke mitgenommen.

Phantasiereise: Im Schwarm der Nixen

Von einem Unverheirateten erwartet man nicht,
dass er »glücklich« ist – wenn er aber heiratet,
sind die Menschen aufs Höchste erstaunt,
wenn er es nicht ist.
Rainer Maria Rilke

Du hast deine Augen geschlossen und spürst den warmen Grund unter dir. Die Sonne steht hoch über dem offenen Meer und bestrahlt deinen Körper. In Gedanken gehst du zu deinen Beinen und nimmst dort die Wärme der Sonnenstrahlen wahr. Du spürst, wie die Wärme über deinen Bauch hinauf bis zur Brust wandert. Du wirst dabei immer ruhiger und ruhiger. Eingehüllt in wohlige Wärme. Du fühlst dich geborgen und die Wärme steigt über deine Schultern in deine Arme. Du kannst den Fluss der Wärme deutlich in dir spüren. Und er dringt in deinen linken Arm und in deine linke Hand. In den Daumen. In den Zeigefinger. In den Mittelfinger deiner linken Hand. Du spürst die Wärme nun auch in deinem Ringfinger. Die Wärme gleitet nun auch langsam und gleichmäßig in deinen kleinen Finger. Du genießt die Wärme, die dich ruhiger und ruhiger werden lässt. Nun kannst du deutlich fühlen, wie die Wärme wie ein heller Strahl auch deinen rechten Oberarm durchflutet und über den Ellbogen hinab zu deinem Unterarm gelangt. Jeder einzelne Finger füllt sich gleichmäßig mit Wärme.

Nun spürst du die Wärme auch in deinem Hals, du nimmst wahr, wie sie zu deinem Kopf hinstrebt. Und die Wärme erfüllt nun deinen Kopf und lässt deinen Geist zur Ruhe kommen. Er wird ruhig wie dein Atem. Gleichmäßig und ruhig. Und in aller Ruhe ist dein Geist leicht geworden. Er erhebt sich und schwebt. Vollkommen leicht. Und alles Schwere ist von dir abgefallen. Du kannst dich sehen, wie du allein am Sandstrand liegst. Deine Augen sind geschlossen. Du kannst fühlen, wie auch der warme Sand deinen Körper mit Wärme auffüllt. An jeder Stelle deines Körpers empfindest du wohlige Wärme. Und du hörst deinen Atem, der ruhig und gleichmäßig Leben in dich hineinströmen lässt. Und du hörst das sanfte Rauschen des Windes, das zärtlich mit seinem Hauch deine Haut berührt. Und du hörst die Wellen, die langsam und gleichmäßig vor sich hin plätschern. Du bist nun vollkommen entspannt und erhebst dich langsam. Du blickst hinaus auf das weite Meer und siehst, wie kleine Lichter auf den Wellen tanzen. Alles ist

gut. Du gehst langsam auf das Meer zu und ins Wasser hinein. Du spürst, wie es sanft deine Füße umspült. Du siehst weit auf den Horizont hinaus, dort steht die große orangefarbene Sonne mit ihrem lebensspendenden Licht. Du spürst, wie das Licht in dich eindringt und sich mit deinem inneren Licht verbindet. Und mit jedem Schritt, den du gehst, dringt immer mehr Licht in dich ein. Und du kannst nun deutlich die Kraft des Lichts spüren. Es macht dich ruhig und gelassen.
Du gehst weiter hinaus ins Meer und du spürst das warme Wasser an deinen Beinen, an deinem Becken und am Bauch. Freude und Zufriedenheit hat dich erfüllt. Du lächelst auf das offene Meer hinaus und es ist dir, als wenn es zurücklächeln würde. Und du gehst weiter hinaus und beginnst einzutauchen in die Tiefen des Meeres. Du kannst das Licht auch unter dem Meeresspiegel sehen. Du siehst Korallen in den schönsten Farben, die vor sich hin leuchten und mit ihrer Leuchtkraft der Schöpfung huldigen. Und du tauchst tiefer. Du siehst immer mehr Gestalten des Lichts um dich. Ein Schwarm von Neonfischen hat sich um dich geschart. Ihre Farben leuchten hell und freundlich.
Du hörst aus der Tiefe einen lieblichen Klang emporströmen. Und in Gedanken folgst du dem Klang, bis er dich in seinem vollen Umfang erreicht, an dir vorbeiströmt, allmählich leiser wird und sich ganz in Stille auflöst. Voller Erstaunen suchst du in der Tiefe den Ursprung des Klanges und du siehst eine große weiße Treppe, die zu einem großen bunten Tor führt. Dieses Tor leuchtet aus der Tiefe und die großen runden Stufen strahlen wie Licht. Auf jeder Stufe sitzt eine Nixe mit langem Haar, das in den Strömungen der Tiefe zu fliegen scheint. Und deine Augen betrachten jede einzelne von ihnen. Wie unterschiedlich schön sie sind. Das ist die Schönheit aus der Tiefe.
Du betrachtest das große Tor, das erleuchtet ist von dem Licht der Tiefe. Und die Türflügel schieben sich langsam zur Seite und du kannst sehen, wie ein neuer Klang aus der Tür dringt. Ein tiefer, schwerer Ton breitet sich aus. Du siehst den Klang in seiner Fülle und Breite auf dich zukommen, bis du ihn durch sanfte Vibrationen fühlen kannst. Der Klang durchdringt dich vollkommen, er strömt bis in jede einzelne Zelle deines Körpers. Er durchflutet all deine Gedanken mit seiner unendlichen Weite. Er durchspült deine Seele wie eine sanfte Welle der Schönheit. Du kannst diese Schönheit hören und fühlen. Du bist inmitten des Klanges, der sich in den Strömungen des unendlichen Meeres weiter ausbreitet. Es ist dir, als ob du Teil des Klanges geworden bist, denn auch dein Inneres breitet sich nun im unendlichen Raum aus. Du tauchst tiefer und kommst näher heran zum Ursprung aller Schönheit. Du kannst das Lied der Nixen hören. Wie ein freudiges Summen. Du hast die Treppe

erreicht. Und die von Nixen gesäumte Treppe mit ihren weichen Abrundungen lädt dich ein hinaufzugehen. Zu der Quelle der Klänge. Und du steigst hinauf und die Nixen erheben sich und schwimmen freundlich neben dir her. Du bewunderst ihre vollkommene Schönheit. Sie sind durchdrungen vom Licht. Wie ein endloser Regenbogen. Und du steigst langsam und gleichmäßig weiter bis an das Tor des Lichts. Alle Nixen sind jetzt um dich versammelt wie ein Schwarm von freundlichen Neonfischen. Und sehr langsam öffnen sich die Flügel der Tür. Und du gehst hindurch, um die Quelle des Klanges zu finden. Du gehst hindurch und siehst eine Quelle, die aus den unendlichen Tiefen aufsteigt. Du kannst bereits die sanften Vibrationen fühlen. Du spürst, wie dich die Nixen sanft an den Oberarmen nehmen. Und ein Gefühl von Wärme und Geborgenheit durchströmt dich.

Du schaust in die Tiefe und siehst, wie ein großes Symbol des Klanges aufsteigt. Du kannst die sanften Vibrationen spüren. Und der Klang ist tief und gleichmäßig und vibriert immer stärker. Und all seine Schwingungen kannst du aufnehmen. Und kräftiger und kräftiger wird das Klangvolumen. Bis es dich vollkommen durchdrungen hat. Der Klang erfasst dich nun mit seiner sanften Kraft und nimmt dich auf. Du löst dich auf in den Schwingungen des Klanges und strömst und fließt mit dem Wasser des Meeres. Mit dem Klang trägst du sanfte Schwingungen in das weite Meer hinaus. Alles Wasser ist erfüllt vom Klang und du formst mit deinen Schwingungen eine Welle, die sanft an das Ufer strömt und wieder ins Meer zurückschwingt. Du bist im Geiste vollkommen weit. In unendlicher Weite. Du bist wie der Himmel in deiner Tiefe. Auch deine Empfindungen sind jetzt weit. Und eingehüllt in vollkommene Leichtigkeit.

Du beschließt, all die Leichtigkeit und Klarheit in dir zu behalten und all die guten Gefühle mitzunehmen. Du sammelst dich. Du findest von den Schwingungen der Klänge zurück zu dir selbst. Zu deinem ureigenen Selbst. Um deine Mitte herum sammelt sich ein Teilchen deines Selbst um das andere. Mehr und mehr siehst du klar hindurch durch die Wellen des Lebens. Alles fließt zu dir, bis deine Vorstellungen auch körperlich zu spüren sind. Du fühlst deinen Körper, wie er sich erneuert hat. Du siehst zurück zu dem Tor des Lichts. Siehst die Nixen an der großen weiten Treppe sitzen. Und ein Gefühl tief empfundener Dankbarkeit kommt in dir hoch. Du bist voller Freude und lächelst sanft. Du beschließt nun, an Land zurückzukehren mit dem guten Gefühl, dass du, wann immer du es willst, in das Reich der Nixen reisen kannst.

Schuldgefühle

Reha: Ich habe meine alte Mutter abgeschoben

Reha rief mich an, nachdem sie eine Odyssee zu Ärzten und Kliniken hinter sich gebracht hatte. Sie plagten starke Rückenschmerzen, für die jedoch keine medizinische Ursache gefunden werden konnte. Meine Erklärungsversuche, dass ich weder Arzt noch Heilpraktiker oder Ähnliches bin, waren vergeblich. Reha wollte von mir mehr über den Zusammenhang zwischen Geist, Seele und Rückenschmerzen erfahren, auch wenn dies ganz und gar nicht mein Spezialgebiet ist. Da sie nicht locker ließ und ich wusste, dass jeder Heilvorgang mit einer positiven Einstellung und entsprechenden Suggestionen beschleunigt werden kann, stimmte ich einem Gesprächstermin zu.
Es war etwa 15 Minuten nach der vereinbarten Zeit, als Reha die Tür zum Kaffeehaus öffnete und ihre Augen über die Tische und Stühle gleiten ließ. Ich hatte sie mir ganz anders vorgestellt, denn ihre Telefonstimme klang verzweifelt und gebrechlich. Ich dachte an eine hagere Person mit eingefallenen Wangen. Hier jedoch stand eine Frau, die zwar vorsichtig, aber durchaus zielgerichtet erschien. Sie entschuldigte sich für die Verspätung und erzählte dabei, dass sie ihre Mutter besuchen musste, die in einem Pflegeheim am Rande der Stadt lebte. Die Anbindung an das öffentliche Verkehrsnetz war alles andere als optimal und sie musste jedes Mal ein größeres Stück zu Fuß gehen, und gerade heute hätte sie wieder starke Rückenschmerzen, die ihr das Laufen sehr schwer machten. Und so hatte sie den Bus verpasst und war nun zu spät. Sie schien sehr beschämt deswegen.
Reha wirkte aufrichtig, kommunikativ und freundlich, aber auch ein wenig mutlos, als sie von den Stationen ihres Leidens berichtete. Sie musste an die zwanzig Ärzte, Chiropraktiker, Spezialkliniken und Ähnliches über einen Zeitraum von mehr als sieben Jahren besucht haben. Ich genoss die Unterhaltung, dennoch sah ich den Punkt auf mich zukommen, ihr sagen zu müssen, dass ich mich außerstande sah, ihr zu helfen. Ich konnte ihre Verzweiflung spüren, wollte ihr aber keinesfalls falsche Hoffnungen machen.
Zumindest aber wollte ich ihr mein sehr überschaubares Wissen über die Zusammenhänge zwischen körperlichen und seelischen Ursachen

für Beschwerden näherbringen. Der Ausgangspunkt ihres Rückenschmerzes war im mittleren Brustwirbelsäulenbereich angesiedelt. Sie spürte einen starken und pochenden Druck, der sich manchmal bis über die Lenden in den rechten Oberschenkel ausdehnte. Die Schmerzen dort waren krampfartig und reichten mitunter so weit, dass ihre Gehfähigkeit stark eingeschränkt war und sie nur unter großen Schmerzen laufen konnte.

Die Beine dienen dem Vorankommen, begann ich meine Ausführungen, und die krampfartigen Erscheinungen lassen darauf schließen, dass ein Vorankommen auch im seelischen Sinne im Augenblick unterbunden wird. Da der Ausgangsschmerz aber aus dem Bereich des mittleren Rückens kommt und dieser mit Schuldgefühlen aus der Vergangenheit in Zusammenhang gebracht wird, ist dort wohl die Ursache zu suchen.

Reha sah mich schweigend an. Ihr sanftes Lächeln war einer verhärteten Miene gewichen. »Meine Mutter!«, brach es aus ihr heraus und sie begann bitterlich zu weinen. Ich legte meine Hand auf ihre. Es war, als wäre ein Vulkan der Emotionen freigelegt, der lange Zeit seine stille Glut unter sicherem Verschluss gehalten hatte, nun jedoch seine heiße Lava durch die Luft wirbelte. Im Fluss ihrer Tränen erzählte sie von den dauernden Schuldzuweisungen, die ihre Mutter ihr immer machte, dass sie nie gut genug war, egal was sie auch versucht hatte, und dass es im Laufe der Jahre und insbesondere, seit die Mutter im Pflegeheim war, immer schlimmer wurde.

Es dauerte ziemlich lange, bis sie sich beruhigt hatte. Sie wischte sich die Tränen mit einem zerknüllten Papiertaschentuch weg und versuchte, ihre Contenance wiederzugewinnen. Ihre Augen waren gerötet und ihr emotionaler Ausbruch war ihr sehr peinlich. Ich sprach ihr Mut zu, nun mehr aus ihrer Kindheit, insbesondere von der Beziehung zu ihrer Mutter, zu erzählen. Es fiel ihr sehr schwer. Sie erzählte Geschichten aus ihren ersten Lebensjahren und immer, wenn der Punkt auf Haltungen und Reaktionen ihrer Mutter kam, schien sie zu anderen Themen zu flüchten. Ich fragte sie spontan, was sie jetzt empfinde. Sie blickte mich leicht erschrocken an und sagte: »Ich habe das Gefühl, meine Mutter verraten zu haben, und weiß nicht, wie ich aus dieser Situation wieder herauskommen soll.«

Es war nun deutlich zu merken, dass sie sich wieder unter Kontrolle hatte. Ihr Bewusstsein war darauf getrimmt, eigene Empfindungen zurückzustellen, insbesondere dann, wenn sie sich gegen die Mutter richteten. Sie wirkte, als würde sie lieber ihre Schmerzen weiter ertragen, als auch nur ein Wort gegen ihre Mutter zu sagen. Eine solche Bewusstseinsstruktur hatte unter anderem die Aufgabe, eigene Wünsche und Bedürfnisse immer weit hinter die der Mutter zu stellen. Die starken Rückenschmerzen und die Konfrontation mit den Schuldgefühlen konnten diese Bewusstseinsstruktur für einen kurzen Augenblick an die Oberfläche bringen, doch schon nach kurzer Zeit war alles wieder unter Verschluss.

Ich schlug ihr vor, dass wir uns einige Tage später wieder treffen sollten. Sie nahm dankbar und erleichtert an. Zu diesem zweiten Zusammentreffen kam es allerdings nicht gleich. Immer wieder verschob sie den Termin. Als ich nach drei Monaten bei ihr anrief, sagte mir ihr Mann, dass sie wegen der Schmerzen im Bein im Krankenhaus sei. Ich fragte, ob ich sie besuchen dürfe, und fuhr zu ihr. Rehas Geschichte hatte mir irgendwie keine Ruhe gelassen.

Reha lag mit geschlossenen Augen ruhig im Krankenbett. Sie freute sich sehr über den unangemeldeten Besuch und erzählte, wie befreiend unser letztes Treffen für sie gewesen sei. Sie sprach entspannt von ihrer Kindheit, davon, dass ihr Vater die Familie verlassen hatte, als sie gerade drei Jahre alt war. Es war für die Mutter sehr schwer, für sich und die Tochter zu sorgen, und schon bald musste Reha die Rolle des verloren gegangenen Partners übernehmen. Reha konnte sich erinnern, dass sie ständig Angst gehabt hat, dass ihre Mutter sie verlassen würde. Und so versuchte sie , selbst die unausgesprochenen Forderungen der Mutter zu erfüllen. Wenn die Mutter krank war oder irgendwelche Schwierigkeiten auftauchten, wenn das Geld knapp war, immer fühlte Reha sich dafür verantwortlich. Ihre Mutter setzte nur einen traurigen Blick auf – und Reha versuchte alles, um die Mutter wieder gütig und froh zu stimmen. Und das bis heute, obwohl sie seit mehr als dreißig Jahren verheiratet war und vier Kinder großgezogen hatte. Ein Anruf ihrer Mutter mit dem Hinweis, wie einsam das Leben doch sein kann, genügte, und Reha machte sich auf den Weg, sie zu besuchen.

Irgendwann musste die Mutter ins Pflegeheim, Reha wollte sie bei sich

aufnehmen, ihr Mann aber wünschte das nicht, zudem gab es technische Schwierigkeiten wegen der besonderen Leiden der Mutter. Und Reha machte sich schwere Vorwürfe. Sie besuchte ihre Mutter dreimal pro Woche, obwohl sie manchmal nicht mehr wusste, wie sie es schmerzbedingt zuwege bringen sollte. So kamen wir zu der tiefen Erkenntnis, dass bei übergroßen inneren Lasten auch der äußere Lastenträger, nämlich die Wirbelsäule, zu Schaden kommen kann.
Reha war nach unserem Gespräch sehr erleichtert. Sie konnte schon bald das Krankenhaus verlassen, es sollte allerdings noch mehr als ein Jahr dauern, ehe sie sich mit ihrer Mutter aussprach. Ihre Rückenschmerzen haben sich deutlich gebessert, sie sind nie ganz abgeklungen, aber auf ein erträgliches Maß reduziert. In der folgenden Phantasiereise, die Reha als sehr hilfreich empfand und immer wieder erleben wollte, geht es auf eine Ballonreise. Sie sei allen ans Herz gelegt, die Schuldgefühle mit sich herumtragen.

Phantasiereise: Der Ballon

Wenn du loslässt,
hast du zwei Hände frei.
Chinesische Weisheit

Schritt für Schritt gehst du voran auf einer großen grünen Wiese. Du siehst dich um. Du freust dich, dass dort, wo du jetzt bist, alles in tiefer Ruhe ist. Das Gras duftet frisch und saftig. Du siehst das frische Grün. Voller Leben. Voller Leben ist auch die Blumenpracht, die dich umgibt. In den herrlichsten Farben leuchten dir die Blumen zu. Jede einzelne Blume, jede Pflanze, jeder Baum zeigt dir seine einzigartige Schönheit. Und die Freude der ganzen Schöpfung steigt nun auch in dir auf und macht dich glücklich. Du spürst, wie die Zuversicht in dir immer stärker und stärker wird. Und dein Blick schweift weiter umher, als wolltest du die Pracht der Schöpfung in dich aufsaugen.
Du siehst einen Punkt am anderen Ende der Wiese. Er zeigt deine Lieblingsfarben. Und diese Farben sind prächtiger und intensiver, als du sie je zuvor gesehen hast. Du spürst tiefe Erinnerungen in dir hochsteigen. Es ist dir, als ob du schon einmal

hier gewesen wärst. So, als wenn du dies alles schon einmal erlebt hättest. Auch die Gegend kommt dir nun immer vertrauter vor. Du spürst ein Verlangen, eine Sehnsucht, auf diesen Punkt zuzugehen. Und das Verlangen wird stärker und stärker. Du setzt den ersten Schritt in Richtung des Punktes. Jetzt setzt du den zweiten Schritt und du spürst deutlich deine innere Kraft, die jetzt immer stärker und stärker wird. Und es drängt dich alle Kraft immer mehr und mehr auf den Punkt zu. Beim nächsten Schritt spürst du die Sicherheit, genau das Richtige zu tun. Der Punkt wird nun größer und größer. Du kannst den Punkt besser erkennen. Du siehst, dass es zwei Punkte sind, die übereinanderstehen. Du riechst das Gras mit jedem Schritt intensiver. Und mit jedem Schritt wird auch deine Zuversicht immer stärker und stärker. Freude und Wärme umgeben dich.

Du siehst mit immer größerer Sehnsucht zu den Punkten hin. Du erkennst nun, dass der obere Punkt größer ist als der untere. Der untere Punkt wirkt nun viereckig wie ein Korb. Du gehst weiter und weiter und immer leichter und leichter wird dein Gemüt. Jetzt kannst du den oberen Punkt genau erkennen. Es ist ein Ballon. Er schillert in deinen schönsten Lieblingsfarben. Deine Sehnsucht wird immer stärker und stärker. Der Ballon lädt dich ein, mit ihm zu fahren. Und näher und näher führen dich deine Schritte. Und immer größer wird deine Sicherheit, jetzt genau das Richtige zu tun. Du spürst, dass alles gut ist.

Nun hast du den Ballon erreicht. Deine Hände berühren den Korb. Du fühlst, wie solide er gebaut ist. Deine Hände berühren nun die Seile. Du kannst die Kraft fühlen, die nach oben zieht. Du siehst ein kleines Türchen. Du öffnest es und steigst in den Korb. Du fühlst, dass der Ballon bereits leicht über dem Erdboden schwebt. Ganz leicht und gleichmäßig hebt er weiter nach oben ab und schwebt über der Erde. Tief empfundene Freude und Erleichterung erfüllen dein Innerstes. Du gleitest mit deinen Gedanken über die Blumenwiese, leicht und ruhig. Deine Augen saugen die frischen Farben in dein Innerstes.

Immer leichter und leichter schwebt dein Ballon über die bunte Blumenwiese. Und deine Sehnsucht wird immer größer und größer. Noch leichter und leichter möchtest du schweben. Du siehst kleine Säcke, die an den Korb angebunden sind. Kleine Säcke, purer Ballast. Du nimmst das erste Säckchen in beide Hände und fühlst, wie schwer es ist. Dieses erste Säckchen ist schwer. Sehr schwer. Schwer wie Schuld. Und du öffnest das Säckchen und du spürst, dass dir alle Macht gegeben ist, es auszuleeren. Und es kommt ein Lächeln auf deine Lippen. Dein Herz füllt sich immer mehr mit Freude. Du nimmst das Säckchen in beide Hände und schüttest es über der Erde aus. Und alle Last fliegt im Wind davon. Du lachst aus vollem

Herzen über die Leichtigkeit des Seins. Alle Last verfliegt im Wind. Dein Innerstes spürt die tief empfundene Freude. Die ganze Erleichterung ist in dir.

Die Vergangenheit ist vorbei. Du lebst jetzt. Jetzt. Genau jetzt. Und du siehst auch, dass der Ballon zu steigen beginnt. Er schaukelt leicht und friedlich vor sich hin. Als wenn er mit dir lachen würde. Jetzt öffnest du das zweite Säckchen, denn du hast Geschmack an der Macht gefunden. An der Macht, die es dir ermöglicht, immer neu beginnen zu können. Neu beginnen. Jeden Tag. Wie ein Rausch der Leichtigkeit. Du nimmst das zweite Säckchen und schüttest es aus. All der Balllast verflüchtigt sich im Wind. Der Ballon wird leichter und leichter und schwebt immer mehr und mehr nach oben.

Du öffnest das dritte Säckchen, leerst es aus und wirst selbst leichter und leichter. Und immer leichter und leichter kannst du schweben. Du fühlst nun immer mehr Ruhe und Zufriedenheit in dir. Alles ist leicht. Vollkommen leicht. Du öffnest das vierte Säckchen und leerst es aus. Du schwebst noch leichter. Du schwebst ruhig und gleichmäßig. Alle Last fällt von dir ab. Und du wirst immer leichter. Und leichter und leichter werden nun auch die Freude und der Frieden in dir. Nun hast du das letzte Säckchen geöffnet. Du schüttest es aus im Wind der Gelassenheit. Alle Leichtigkeit ist nun in dir. Das Gefühl von Wärme und Geborgenheit umgibt dich. Jetzt siehst du hinab aus deinem Ballon und denkst, wie klein doch alles in Wirklichkeit ist. Tiefer Frieden hat dein Herz erfüllt. Tiefer Frieden und tiefe Weisheit. Und die Weisheit führt dich in Gedanken zu Ereignissen, bei denen du Leid erfahren hast. Ereignisse der Vergangenheit. Deine Weisheit lässt alles an dir vorüberziehen. Und du greifst in deine Taschen und entdeckst noch mehr Ballast. Du wirfst ihn ab. Alles wirfst du ab. Alles. Aller Ballast ist abgeworfen. Endgültig abgeworfen. Und Freiheit umgibt dich. Tief empfundene Freiheit. Alles ist vergeben. Alles vergeben. Alles. Die Freude und die Leichtigkeit lassen dich leichter und leichter schweben, denn es ist alles vergeben. Alles.

Am Himmel ziehen kleine weiße Wolken vorüber und das satte Blau wird nun kräftiger und kräftiger. Am Horizont siehst du die Sonne aufgehen und du fühlst die Gewissheit, jederzeit hierher zurückkehren zu können. Denn du hast alle Macht. Alle Macht. Und deine Macht und deine Weisheit lassen dich sehen. Sehen und hören. Du hörst tief in dich hinein. Du hörst deinen Atem. Du hörst deine innere Stimme. Dein Ballon sinkt langsam hinab auf die Wiese der Wirklichkeit. Und immer deutlicher nimmst du deinen Atem wahr. Du spürst nun, wie der Ballon auf der Wiese landet. Mehr und mehr Aufmerksamkeit durchströmt dich, bis du deine Umgebung wieder im vollen Bewusstsein wahrnimmst.

Angst

Ronald: Wir haben uns mit dem Haus übernommen

Ein blauer Van fuhr draußen in eine Parklücke. Es war bereits zehn Minuten nach dem vereinbarten Termin. Ronald stieg aus dem Wagen. Er hatte einen dunklen Anzug mit Krawatte an und wirkte wie ein quirliger Geschäftsmann. Als er mich vor ein paar Tagen angerufen hatte, war mein Eindruck von seiner Stimme her, dass ich es mit einer eher zarten und schwachen Persönlichkeit zu tun hätte. Nun stand ein großer Mann mittleren Alters vor mir. Er reichte mir emotionslos die Hand und begrüßte mich, ohne mir in die Augen zu sehen.

Ronald wollte nicht von sich aus zu mir kommen, sondern wurde praktisch von seiner Frau dazu gedrängt, was das Anfangsgespräch etwas zäh werden ließ. Ich erzählte Ronald von meinem Werdegang und meinen Erfahrungen mit der Hypnose und versuchte ihn mit offenen Fragen ins Gespräch zu locken. Er wirkte sehr angespannt und sprach zu Beginn nur sehr wenig. Er erzählte von seiner Frau, die esoterische Seminare besuche. Er habe damit jedoch nichts am Hut, er glaube einfach nicht daran und generell glaube er an gar nichts. Ich fragte ihn, was er denn von dieser Sitzung erwarte, und er antwortete mir, dass seine Erwartungen eher gering, um nicht zu sagen: null seien. Ganz im Gegenteil – plötzlich wurde er emotional –, es wäre kontraproduktiv, da diese Sitzung mit einer Geldausgabe verbunden sei, die er eigentlich nicht »budgetiert« habe. Seine Frau aber meine, dass es ihm helfen würde.

»Helfen?«, fragte ich. »Wobei?« Allmählich näherten wir uns seinem Problem, das ihn zu mir geführt hatte. Langsam begann er von seinen Erschöpfungszuständen zu erzählen, die sich meist nach der Mittagspause im Büro einstellten. »Ich habe das schon früher gehabt und es ist wieder vergangen. Meine Frau ist sicherlich überbesorgt.« Noch immer konnte er mir nicht länger als ein paar Sekunden in die Augen sehen. Er wirkte auf mich, als ob er mit großen Anstrengungen einen inneren Kübel zuhalten müsse, damit niemand, auch nicht er selbst, seinen Inhalt zu sehen bekäme.

Schließlich schilderte er, dass er seit einigen Wochen nicht mehr richtig schlafen könne. Im Büro sei er oft todmüde und unkonzentriert, am

Abend fühle er sich jedoch aufgedreht. Tausende Gedanken jagten ihm durch den Kopf und ließen ihn nicht zur Ruhe kommen. Ich versuchte den Grund für die innere Unruhe herauszufinden, aber sein Unterbewusstsein hütete ihn wie einen geheimnisvollen Schatz. In einem Nebensatz erwähnte er, dass er sich gerade das Rauchen abgewöhne. Ich gratulierte ihm zu dem Entschluss. Er aber winkte ab und meinte, er habe es bloß satt, eine Unmenge an Geld in die Luft zu verpaffen. Diese Motivation verwunderte mich und ich wollte in einem der späteren Gespräche darauf zurückkommen.

Das zweite Gespräch begann entschieden lebendiger als das erste. Er fragte höchst interessiert nach, wann er denn hypnotisiert werden würde. Er sei schon sehr neugierig, denn es sei bisher noch niemandem gelungen, ihn in Hypnose zu versetzen. Ich wurde den Verdacht nicht los, dass diese Anfrage ebenso finanziell motiviert sei wie seine Raucherentwöhnung. Ich sagte ihm, dass eine hypnotische Sitzung erst sinnvoll sei, wenn man wisse, welche Suggestionen zu einer erwünschten Verbesserung führen könnten. Um irgendwo anzuknüpfen, fragte ich ihn, was sich denn in einem Jahr verbessert hätte, wenn er beim Nichtrauchen bliebe. Er lachte leicht zynisch und erzählte dann, dass er mit der Ersparnis einen guten Teil der Hypothek für das Haus hereingebracht hätte. Nun kam er in Fahrt: Er habe in einem schwachen Moment dem Wunsch seiner Frau nach einem Eigenheim nachgegeben und dadurch seien jetzt die finanziellen Belastungen so dermaßen hoch, dass es nur sehr schwer zu tragen sei. Er mache schon seit Monaten Überstunden, um mit den Zahlungen nicht in Verzug zu geraten. Vor zwei Monaten musste er jedoch von seinem Vorgesetzten erfahren, dass Überstunden künftig nur noch gegen Zeitausgleich, also unentgeltlich abgegolten werden. »Ich glaube, wir schaffen es nicht!«, brach es aus ihm heraus. »Wir haben uns mit dem Haus total übernommen.«

Jetzt fiel es mir wie Schuppen von den Augen. Wir hatten es hier mit einer besonders hinterhältigen Art der Existenzangst zu tun. Bei näherem Hinterfragen stellte sich heraus, dass er einige Ersparnisse hatte, dass es bislang keinerlei Rückstand der Kreditraten gab, ja nicht einmal das Girokonto war überzogen. Es gab also keinen realen Grund für seine Sorgen. Doch Existenzängste haben oft nichts mit den tatsäch-

lichen Vermögenswerten zu tun. Eine uralte Angst, dass die Mittel nicht reichen könnten, hatte Ronald in eine Art Dauerpanik versetzt, die ihm den Schlaf raubte, ihn in die totale Erschöpfung und zur absoluten Unruhe trieb.
Wir begannen bald mit Phantasiereisen zu arbeiten, von denen vor allem die folgende mithalf, seine Existenzangst gedanklich mit etwas Positivem, Vertrauensvollem zu überschreiben.

Phantasiereise: Der Magier

Es ist still. Tiefe Ruhe und Entspannung breiten sich in dir aus. Du atmest tief ein und es ist dir, als wenn sich in deinem Kopf Türen öffnen würden. Und du atmest wieder aus und alle Belastung fällt von dir ab. Und du siehst dich in der freien Welt deiner Phantasie stehen. Du spürst die frische und klare Luft um dich herum, die du voller Lebenshunger in dich hineinsaugst. Du spürst deutlich, dass es Zeit ist, eine Reise zu tun. Eine Reise auf einen Jahrmarkt, wo sich Händler und Gaukler versammeln, um ihre Waren und Werke anzupreisen.
Du senkst deinen Kopf zur Seite und siehst zu deiner rechten Schulter hin. Du spürst deutlich, dass sich in deinen Schulterblättern etwas regt. Du spürst, dass es sich mehr und mehr regt, und es ist dir, als ob du immer leichter und leichter werden würdest. Und du siehst, wie aus deinem Schulterblatt ein Flügel wächst, mit langen bunten Federn daran. Du staunst über dieses Wunder und blickst zur anderen Schulter und siehst auch hier einen Flügel wachsen. Er wächst weiter und weiter mit jedem tiefen Atemzug. Beide Flügel entwickeln sich zu kräftigen Schwingen. Und du spürst, dass du diese Schwingen steuern kannst. Du bewegst sie vorsichtig und gleichmäßig auf und ab. Und du bemerkst, dass deine Füße immer leichter und leichter werden und schon ein wenig den Boden verlassen. Du bist erstaunt und lächelst zufrieden.
Erneut schwingst du deine Flügel und jetzt hebst du bereits ein großes Stück über den Boden ab, um langsam und gleichmäßig wieder hinabzusinken. Freude und ein Glücksgefühl erfüllen dich und du versuchst es erneut. Diesmal beschließt du, Anlauf zu nehmen. Du senkst den Kopf, um deine konzentrierte Energie zu sammeln. Und du spürst dein Lebenszentrum, die Mitte deines Atems. Und du

sammelst die ganze Konzentration und Energie, um abzuheben. Mit großen Sprungschritten nimmst du Anlauf und du spürst, wie deine Energie die Kraft in die Beine lenkt und sie schneller und schneller laufen lässt. Jetzt durchströmt die Energie auch deinen Oberkörper, sie geht direkt in deine Schwingen hinein. Du läufst noch schneller, breitest deine Flügel aus und hebst ab. Mit einem kräftigen Flügelschlag eroberst du die Lüfte. Ein Gefühl von kraftvoller Spannung und Selbstvertrauen umgibt dich. Mit einem weiteren kräftigen Flügelschlag dringst du höher in die Lüfte vor.
Der Wind lässt dein Haar fliegen und du spürst die erfrischende Brise, die dich umgibt. Je höher du steigst, desto kleiner und übersichtlicher wird deine Umgebung unter dir. Du spürst nun die Weisheit vom richtigen Abstand in dir aufkommen. Es ist so herrlich wie das Fliegen selbst, wenn weise Erkenntnis sich ausbreitet. Du bist voller Freude und ein Flügelschlag um den anderen bringt dies zum Ausdruck. Nun sind aus den Häusern und Menschen am Boden winzige Pünktchen geworden. Tiefe Ruhe breitet sich in dir aus. Du lässt deine Flügel weit ausgebreitet und gleitest leicht, ruhig und gleichmäßig durch die Lüfte. Du siehst weit in die Ferne und erkennst, wie gut es ist, nach vorn zu sehen. Und du siehst grüne Wiesen, goldene Felder und geheimnisvolle Wälder. Weit schweift dein Blick umher.
Weit vorn scheint etwas zu sein, das dir entgegenleuchtet. Wie ein Sonnenstrahl, der sich in einem Spiegel reflektiert. Deine Neugier ist geweckt und du beschließt, dem hellen Schein entgegenzufliegen. Mit kräftigen Flügelschlägen kommst du dem reflektierten Sonnenstrahl näher und näher. Du entdeckst das bunte Treiben auf einem Jahrmarkt. Noch immer scheint dir der Lichtstrahl entgegen, der mitten aus der Menge ragt. Du gleitest langsam und gleichmäßig immer tiefer und tiefer, bis du dem Boden ganz nah bist. Du richtest deine Beine nach unten, bis du den Boden unter deinen Füßen spüren kannst. Du bist gut gelandet.
Du siehst nun die vielen Menschen, die von Marktstand zu Marktstand pilgern, um nach kleinen und größeren Schätzen zu suchen. Mitten durch die Menge dringt dein Lichtstrahl und du beschließt, ihm weiter zu folgen. Du arbeitest dich durch die Menge, immer vom Licht geleitet. Du gehst, bis du zu einer alten Kutsche kommst. Die Kutsche scheint nicht von hier zu sein. Sie wirkt fremd, sehr alt, aber auch sehr robust. Vor dir steht plötzlich der Besitzer der Kutsche. Er wirkt wie ein Magier aus dem Mittelalter. In seiner Hand hält er eine große Kristallkugel. Von ihr geht das Licht aus. Er hält sie leicht erhoben vor seinem Kopf und betrachtet sie mit Demut im Blick. ›Willst du in das Innere sehen?‹, scheint er dich mit seinem Blick zu fragen. Und du antwortest ihm nur mit deinen Gedanken. Für dich ist völlig

klar, dass er dich hören kann. Es kommt dir vor, als ob es immer schon so gewesen wäre. Er senkt die Kugel, bis sie in ihrer vollen Schönheit direkt vor deinen Augen sichtbar wird. Sie leuchtet in den schönsten Farben und es ist dir, als wenn die Farben in dich eindringen könnten. Du siehst dich um und das Treiben ist in den Hintergrund gerückt. Es ist still geworden. Du beschließt, noch näher an die Kugel heranzugehen, um in sie hineinzusehen. Je näher du herangehst, desto größer wird ihre Leuchtkraft. Du blickst nun tief in sie hinein und unter all den vielen leuchtenden Farben bildet sich aus deinen Lieblingsfarben eine Zahl. Es ist die Zahl deines Alters. Welche Wärme doch von ihr ausgeht. Sie leuchtet tief in dich hinein, mit deinen Lieblingsfarben. Du spürst die Kraft, die von ihr ausgeht. Du siehst, wie sich die Zahl verändert. Sie hat sich um eins reduziert. Und es ist dir, als wenn du mit der Zahl mitfühlen könntest. In deinen Gedanken siehst du dich, wie du vor einem Jahr warst. Du bist erstaunt und voller Neugier. Wieder klettert die Zahl nach unten und dein Gefühl geht mit. Es kommt dir so vor, als ob du immer jünger würdest. Du fühlst dich immer frischer und du siehst, dass sich die Zahl verringert und verringert. Bis sie schließlich zur Acht geworden ist. Und du betrachtest die Zahl Acht, die wie ein Ring keinen Anfang und kein Ende kennt. In Gedanken kannst du sie berühren und ihre Konturen nachfahren.
Du siehst dich in Gedanken mit acht Jahren. Du siehst, wie du aufwachst. Wie du deine Beine aus deinem Bett streckst. Du holst tief Luft und siehst dich, wie du aufstehst. Du siehst dich zum Fenster gehen. Du betrachtest dich mit deiner ganzen Liebe. Ein Lächeln zaubert sich in dein Gesicht. Du siehst dich, vielleicht etwas verschlafen, beim Frühstück. Du siehst dich von deinen Träumen erzählen. Du kannst dich selbst nun deutlich fühlen und spüren. Du siehst dich beim Anziehen. Deutlich kannst du die Kleidungsstücke sehen. Du siehst nun auch deine Schultasche. Du siehst dich aus dem Haus gehen. Voller Liebe betrachtest du dich. Du kennst plötzlich all deine kindlichen Gedanken. Du siehst deinen Schulweg. Welche Kinder triffst du? Was gibt es zu erzählen?
Mit Herzenswärme betrachtest du das Kind, das du warst, in der Kristallkugel. Du nimmst es dankbar in dir auf. Und du siehst dir weiter zu. Aus dem Bild deiner Kindheit wird wieder eine Zahl. Die Acht, die Zahl ohne Ende. Sie leuchtet wieder in deiner Lieblingsfarbe vor dir in der Kristallkugel. Und sie beginnt sich langsam und gleichmäßig zu erhöhen, immer um eins. Dann wieder um eins. Und immer wenn sich die Zahl erhöht, spürst du auch das Wachstum, das damit verbunden ist. Und die Zahl erhöht sich wieder und wieder und du kannst das ganze Wachstum spüren wie das Aufblühen einer Rose.

Die Zahl hat wieder dein heutiges Lebensalter erreicht und du bist angefüllt mit der Freude und Zuversicht, die Wachstum mit sich bringt. Du betrachtest die Kristallkugel noch einmal und du siehst, wie sich ein feiner Nebel um sie bildet, bis sie schlussendlich ganz aus deiner Aufmerksamkeit verschwindet. Du betrachtest den Magier und er lächelt dir zu. Du hast das gute Gefühl, dass du ihn jederzeit besuchen kannst, wann immer du es willst. Insbesondere dann, wenn es um deine Entwicklung geht. Er trägt die ganze Weisheit in seiner Kugel. Du kannst hineinsehen, so oft du es willst. Der Magier lächelt dir wortlos zu.
Und du spürst deine kraftvollen Schwingen. Wieder spürst du, wie sich die Kraft in dir sammelt, um deine Beine zu einem Anlauf zu motivieren. Mehr und mehr Kraft dringt nun in deine Beine, in jeden Muskel und füllt sie auf mit Energie. Auch deine Flügel füllen sich mit Kraft. Jede deiner Körperzellen ist nun frisch, erholt und voller Energie. Du spürst, dass es Zeit ist zurückzukehren. Zurück zu deinem Ausgangspunkt. Du nimmst mit großen Schritten Anlauf. Du läufst immer schneller. Dann breitest du deine Schwingen aus und hebst ab. Leicht schwebst du weit oben über dem Boden. Tiefe Erkenntnis breitet sich in deiner Mitte aus. Du bist gestärkt durch die Kraft der Erkenntnis. Ruhig und gleichmäßig wie dein Atem bringen dich deine Schwingen wieder zurück an deinen Ausgangspunkt und zu deiner inneren Mitte.

Schlechtes Betriebsklima

Elvira: Ich werde von allen kontrolliert

Kontrolle ist gut,
Vertrauen ist besser!
Frei nach einem Sprichwort

Ich lernte Elvira vor vielen Jahren in einem Betrieb mit an die hundert Mitarbeitern kennen, in dem auch ich einen Job hatte. Elvira steckte damals in einer tiefen Ehekrise, hauptsächlich dadurch ausgelöst, dass sie sehr viel arbeitete und nur wenig zu Hause war. Nun kreuzten sich unsere Wege erneut, und dies wieder vorerst auf beruflicher Ebene. Unser Unternehmen suchte einen Partner und als ich bei einem Kandidaten ankam, wurde mir die Tür von Elvira geöffnet. Ich staunte nicht schlecht, der Betrieb hatte gerade mal fünf Mitarbeiter und stand noch auf recht wackeligen Beinen. Elvira aber hatte immer sehr viel Wert auf Sicherheit gelegt und deswegen eigentlich gut in einen Großbetrieb gepasst.

Wir vereinbarten alsbald ein nettes Abendessen, um wie in alten Zeiten zu plaudern. Elvira erzählte mir, dass bei unserem ehemaligen Arbeitgeber das Betriebsklima immer schlechter geworden sei, nachdem verschiedene Kontrollinstanzen wie ein Zeiterfassungssystem eingeführt worden waren. Elvira hatte daher in den kleinen Betrieb gewechselt, in dem es – wie sie meinte – ein besseres Klima, mehr Kameradschaft und weniger Kontrolle gab.

Ein wenig später rief mich eine wütende Elvira an und bat mich um Hilfe bezüglich ihres Arbeitsverhältnisses. Sie wollte alles hinschmeißen, weil sie sich schon wieder kontrolliert fühlte. Ich riet Elvira, vorerst nichts zu tun. Wir vereinbarten einen Termin in einem Café. Ich kam etwas vor der Zeit und Elvira war bereits da. Ihre Verbitterung war ihr deutlich anzusehen. Sie erzählte, dass sie Hans, ihren jetzigen Chef, kennen gelernt hatte, als dieser gerade auf dem Weg in die Selbstständigkeit war. Es gab gerade mal ein kleines Büro, das noch nicht einmal eine Kaffeemaschine besaß. Es dauerte fast ein Jahr, bis der erste Kunde gewonnen war, und Elvira war, wie sie sagte, ein wesentlicher Bestandteil des nun beginnenden Erfolges. »Ab dem dritten Jahr begann das Unternehmen schwarze Zahlen zu schreiben. Wir waren kaum aus dem Gröbsten heraus, da begann er mich zu kontrollieren, dabei habe ich das Unternehmen dorthin gebracht, wo es heute ist!«

Die Kontrolle brachte Elvira nun bereits zum zweiten Mal um ihren Arbeitsplatz, den sie an und für sich sehr mochte. Doch ungeachtet dessen hatte sie beschlossen, das Unternehmen bald zu verlassen. Ich fragte sie, ob sie nicht selbstständig werden wolle, denn schließlich habe sie erwiesenermaßen die Begabung, ein Unternehmen aufzubauen. Elvira schien über diesen Vorschlag leicht erbost und erklärte, wie gefährlich es in der heutigen Zeit sei, selbstständig zu sein. Ich hatte für eine Sekunde vergessen, dass auch das Thema Sicherheit bei Elvira ganz groß geschrieben wurde. Andererseits konnte sich Elvira auch nur schwer einen Arbeitgeber, der ganz ohne Kontrollsysteme auskommt, vorstellen. Nun spürte ich deutlich die innere Zerrissenheit von

Elvira. Ich sah ein Bild vor mir aufsteigen: Die Flügel der Freiheit und die Zügel der Sicherheit trafen sich in ihrer geistigen Landschaft. Diese zwei emotionalen Qualitäten haben in ihrer extremen Ausprägung gar kein Verständnis füreinander.

Ich schlug Elvira vor, sich »Sicherheit« und »Freiheit« wie Personen vorzustellen, sie mit Gesicht und Charakter auszustatten und dann mit an einen runden Tisch zur Diskussion zu bitten. Sie fand das etwas seltsam, wollte sich der Herausforderung dann aber stellen. Als wir uns wenig später wieder sahen, wirkte Elvira gelöst. Sie erzählte von einer tiefen Selbsterfahrung, die sie erkennen ließ, dass sie in beruflichen Fragen schon des Öfteren vor der Frage »Sicherheit oder Freiheit?« gestanden hatte und dass die Sicherheit immer gewonnen hatte. Allerdings hatte auch bislang jedes Arbeitsverhältnis aufgrund ihres Freiheitsdranges geendet. »Und jetzt möchte ich es anders machen. Aber wie schaffe ich es, mich von den alten Mustern zu lösen?«

Ich empfahl Elvira, sich vorzustellen, wie sie sich bei Hans bedankte, da er einen wesentlichen Beitrag – sei es wissentlich oder unwissentlich – zu ihrem Weg geleistet hatte. Die Schmerzen der Enttäuschung saßen bei Elvira noch sehr tief und sie hatte Mühe mit diesem Vorschlag. Danach, so sagte ich, könnte ihr eine Phantasiereise helfen, das alte Verhaltensmuster hinter sich zu lassen und gestärkten Mutes die ersten Schritte in den neuen Lebensabschnitt zu wagen.

Nach ein paar Wochen rief sie mich an, um mir zu sagen, dass sie bei Hans gekündigt hatte. Sie erzählte, dass sie es geschafft hatte, sich am Ende des sehr guten Gespräches bei ihm für alles, was sie gelernt hatte, zu bedanken. Und nun wollte sie die Unterstützung der Phantasiereise in Anspruch nehmen. Elvira war ein ganzes Stück selbstbewusster und bestimmt auch reifer und weiser geworden. Sie beschloss, ihre Arbeitswelt nun freiberuflich zu gestalten. Mit Hans hatte sie dabei einen ersten Kunden gewonnen.

Die nachfolgende Phantasiereise hat Elvira besonders beeindruckt und, wie sie sagte, auch ein gutes Stück weitergebracht. Sie sei allen ans Herz gelegt, die Altes loslassen wollen, um für das Neue frei zu werden.

Phantasiereise: Die Schleuse

Man muss das Unmögliche versuchen,
um das Mögliche zu erreichen.
Hermann Hesse

Weit oben im Gebirge liegt ein großer See. Dieser See enthielt schon zum Anbeginn der Zeiten das reinste Wasser. In letzter Zeit ist sein Wasser verschmutzt worden, so dass er an Klarheit verloren hat. Du machst dich nun auf den Weg ins Gebirge, um die Schlacken der Vergangenheit aufzulösen. Du siehst einen großen felsigen Berg vor dir und du weißt, dass der Aufstieg ein wenig beschwerlich werden kann. Ungeachtet dessen machst du den ersten Schritt in Richtung Gebirgssee. Es folgt sogleich der zweite Schritt, dieser ist leichter als der erste. Es geht steil bergauf und jeder Schritt wird leichter als der vorige. Immer leichter werden deine Schritte und du tust einen nach dem anderen, du gehst immer mehr und immer weiter nach oben. Du siehst nun eine Anhöhe in geringer Entfernung, du setzt einen Fuß vor den anderen und schreitest leicht dorthin.
Du hast nun die Anhöhe erreicht und einen weiten Blick nach vorn. Du siehst, wie frische kräftige Farben dir entgegenleuchten. Du siehst voll Erwartung nach vorn und kannst den See bereits in der Ferne erkennen. Du beginnst nun in Richtung See zu gehen und siehst, dass das Pflanzenreich mit immer kräftigeren Farben aufwartet. Es wirkt wie eine freundliche Einladung. Mutig und entschlossen setzt du deine Schritte und wanderst leichten Fußes dem Gebirgssee entgegen. Immer frischer und freundlicher werden die Pflanzen. Du beginnst nun auch den Duft der Pflanzen wahrzunehmen und gehst immer weiter und weiter dem Gebirgssee entgegen. Nun ist es nicht mehr weit, nur noch wenige Meter. Hier siehst du die Pflanzen und Blumen mit den schönsten und kräftigsten Farben. Die Gerüche sind jetzt noch verlockender. Du gehst nun die letzte kleine Erhebung bis zum Rand des Sees hinauf.
Du siehst den See vor dir ausgebreitet liegen. Du siehst das Wasser. Es wirkt abgestanden und sumpfig und du siehst eine Schleuse, die verschlossen ist. Du siehst klares Wasser, das vom See ferngehalten wird. Du gehst nun hin zu dieser Schleuse und ergreifst mit beiden Händen einen Hebel, um sie zu öffnen. Sie hat sich etwas verklemmt und geht nur Stück für Stück auf. Nun wendest du deine ganze Kraft auf, um die Schleuse zu öffnen. Das erste klare Wasser dringt in den See, zuerst

fließt es nur wenig, dann immer mehr und mehr. Das Wasser fließt nun immer schneller durch die Schleuse und immer mehr und mehr klares Wasser dringt in den See. Du schaust in den See und bemerkst, wie das immer stärker eindringende klare Wasser auch den See immer klarer und klarer werden lässt. Du bist erleichtert und voll innerer Freude. Du wendest dich dem Horizont über dem Berg zu, wo die Sonne nun hinter einer Wolke hervorkommt, um sich im See zu spiegeln. Jetzt kannst du deutlich das Spiegelbild der überwältigenden Landschaft erkennen. Das klare Wasser gewinnt immer mehr die Oberhand und der trübe Teil des Wassers wird an das andere Ende des Sees gedrängt.

Immer deutlicher verspürst du den Drang, nun auf die andere Seite des Sees zu wechseln, um dein Werk zu vollenden. Du setzt einen Schritt vor den anderen und steuerst neugierig und entschlossen auf die andere Seite des Sees zu. Deine Schritte sind leicht und von Freude getragen. Deine Augen erfreuen sich an der bunten Blumen- und Pflanzenpracht. Du spürst die Kraft, die von dem Wasser ausgeht. Du riechst die frische Luft und atmest tief und ruhig ein und aus.

Du siehst eine große verschlossene Schleuse. Vor der Schleuse haben sich Schlamm und Algen angesammelt. Du blickst zurück und siehst, wie das klare Wasser immer weiter vordringt. Du umfasst mit beiden Händen den hölzernen morschen Griff der Schleuse, um sie zu öffnen, damit der ganze Schlamm abfließen kann. Du ziehst kräftig mit beiden Händen, immer kräftiger und kräftiger. Nun bewegt sich die Schleuse leicht, noch ein Ruck und sie geht langsam auf.

Der erste Schlamm quält sich dickflüssig zum Abfluss hin. Immer dickere Brocken plumpsen jetzt in den Abfluss hinein und immer stärker treibt das klare Wasser den Schlamm vor sich her. Der Schlamm fließt ab. Immer mehr und mehr und mehr. Unaufhörlich fließt der Schlamm ab.

Du spürst, wie die Klarheit des Sees auf dein Gemüt übergeht. Du spürst, dass es in dir immer klarer und freundlicher wird, je mehr Schlamm abfließt. Und der Schlamm fließt ab, immer mehr und mehr. Immer mehr reines und klares Wasser dringt in den See. Immer mehr Freude und Dankbarkeit machen sich in dir breit, je mehr klares Wasser in den See fließt. Und es fließt unaufhörlich immer mehr klares und sauberes Wasser in den See. Und der Schlamm fließt unaufhörlich ab. Und du spürst nun ganz deutlich, wie sich immer mehr Erleichterung in dir ausbreitet. Der Schlamm fließt ab und dein Kopf wird frei und klar. Immer mehr Erleichterung kannst du nun verspüren. Aus deinen Armen fließt nun der Schlamm ab und es wird leichter und leichter. Aus deinem Oberkörper fließt aller Ballast ab und es wird immer leichter und leichter. Klares Wasser dringt in den See.

Deine Beine werden leichter und leichter. Jetzt spürst du auch die Erleichterung in deinen Beinen und es wird immer leichter und leichter. Dein ganzer Körper ist durchflutet von reinem und klarem Wasser. Du spürst die Erleichterung in deinem ganzen Körper. Er wird immer leichter und leichter. Du bist getragen von Leichtigkeit. Du bist voller Freude und Dankbarkeit.
Es ist nun Zeit zurückzukehren mit dem guten Gefühl, den Weg hierher jederzeit wieder gehen zu können. Du gehst zurück wie von einer unsichtbaren Kraft getragen. Diese wunderbare Gegend mit all den schönen Farben zieht an dir vorüber. Du schwebst weiter, bis du deinen Ausgangspunkt erkennen kannst. Es bleibt alles leicht und voller Freude. Nun gehst du die letzten Schritte zu deinem Ausgangspunkt zurück und nimmst all die guten Gefühle der Leichtigkeit und der Freude mit.

Schwierige Entscheidung

Erich: Ich weiß nicht, welcher Weg der bessere ist

Erich konnte seit Tagen an nichts anderes denken. Er hatte ein Angebot für einen neuen Job. Ein neuer Arbeitsplatz, an dem er das tun könnte, was er eigentlich immer wollte. Allerdings zu schlechteren Konditionen. Erich hatte eine Ausbildung zum Maschinenbauer und in der Folge Weiterbildungen und Spezialausbildungen in diesem Bereich absolviert. Dieser Berufszweig war sein Traum, allerdings fand er lange Zeit keine Arbeit. Er hatte zwischenzeitlich geheiratet, ein Kind war hinzugekommen. Irgendwann wurde er Logistikmitarbeiter in einem Pharmakonzern. Er verdiente zu Beginn zwar nicht übertrieben viel, aber es reichte für ihn und seine Lieben. Er hatte viele nette Kollegen um sich und nach und nach begann ihm der Job Freude zu machen. Drei Jahre später wurde er zum Stellvertreter des Logistikleiters befördert. Sein Gehalt war jetzt mehr als vorzeigbar und er hatte es zu ein wenig Wohlstand gebracht. Sein Traum von der Entwicklung spezieller Maschinen riss aber nie wirklich ab. Er besorgte sich Fachzeitschriften und las am Wochenende »nur so aus Neugier« die Stellengesuche unter der entsprechenden Rubrik. Auf eines der Inserate in einem Wirtschaftsblatt hin versandte er »einfach nur aus Spaß« eine Bewerbung und erhielt völlig unerwartet eine Einladung zu einem Vorstellungsgespräch. Er beschloss, für diese Stelle rein aus sportlichem Ehrgeiz eine Zusage erringen zu wollen. Es waren insgesamt drei Vorstellungsrunden zu absolvieren. Und er schaffte sie alle mit Bravour. Als Erich die letzte Runde hinter sich hatte, wusste er bereits, dass er die Stelle bekommen würde. Aber aller sportlicher Ehrgeiz war dahin, er konnte sich nur sehr eingeschränkt freuen.

Denn zur gleichen Zeit erzählte ihm sein Vorgesetzter, dass er das Unternehmen verlassen werde und er der logische Nachfolger sei. Erich freute sich darüber, gleichzeitig bedauerte er den Weggang seines Vorgesetzten. Nun war Erich in der Zwickmühle: Die Stelle, um die er sich beworben hatte, war genau die, die er eigentlich immer haben wollte. Er hatte seiner Frau und seinen Freunden die letzten zehn Jahre über immer gesagt, dass er sie irgendwann noch finden werde. Und nun war die Chance da – und auf der anderen Seite der lukrative Aufstieg bei seinem aktuellen Arbeitgeber.

Erich versuchte zu analysieren, kam aber zu keiner Lösung. Die eine Seite in ihm kam ihm vor wie ein quengelndes Kind, das etwas nicht haben konnte und sich deshalb vor Zorn auf den Boden werfen wollte, obwohl doch völlig klar war, dass die andere Seite »vernünftiger« war. Diese andere Seite sah, dass er seine Familie mit Wohlstand versorgt hatte und dass es jetzt noch besser werden könnte. Auch hatte er viele Freunde in seinem Unternehmen gefunden. Es war eine äußerst schwierige Entscheidung für ihn. Er beriet sich mit seiner Frau und mit seinen Freunden. Jeder hatte eine Meinung, aber für ihn selbst wurde es nicht stimmig.

Einen Tag, bevor die Entscheidung für oder gegen die neue Stelle fallen sollte, sprachen wir das erste Mal miteinander. Wir unternahmen zwei Phantasiereisen: Jedes Mal sollte Erich im Falle einer der beiden Alternativen mit Hilfe der eigenen Vorstellungskraft um zirka zehn Jahre nach vorn blicken. Würde er bei seinem Unternehmen bleiben, sah sich Erich als Stellvertreter des Geschäftsführers. Würde er wechseln, sah er sich in einer Fachzeitschrift mit einem Leitartikel über eine besondere Neuerung abgebildet. Nach dieser zweiten Phantasiereise war ihm intuitiv sofort etwas klar geworden. Es hatte das Gefühl, als hätte sich in ihm etwas gelöst. Noch konnte Erich nicht genau sagen, was es war. Er beschloss, sich mehr Zeit zu nehmen, und rief das neue Unternehmen an und erbat sich mehr Bedenkzeit. Zu seiner Verwun-

derung wurde ihm vollstes Verständnis dafür entgegengebracht. Er wollte die Entscheidung bis zum nächsten Wochenende treffen. Es schien ihm nun alles nicht mehr so dramatisch wie zu Beginn, denn er sah auf beiden Wegen eine erfolgreiche Zukunft vor sich.
Er wollte noch eine Phantasiereise unternehmen, auf der er in die Tiefe gehen konnte, um dann eine Entscheidung herbeizuführen. Diese nächste und im Folgenden nachzulesende Phantasiereise beginnt in einem Brunnen, das Sein dort kommt einer Entscheidungsphase gleich. Aus dieser Perspektive kann man möglicherweise ein wenig Licht erkennen, der große Horizont bleibt einem aber vorenthalten. Erich hat diese Phantasiereise beflügelt, seine Entscheidung aus dem Herzen zu treffen und mutig den neuen Weg einzuschlagen. Er erzählte mir später, dass er sich in der Rolle des stellvertretenden Geschäftsführers zwar sehr wohl gefühlt hätte, er hatte aber auch klar gespürt, dass er dann eine wichtige Möglichkeit nicht ergriffen hätte, was eine Stimmung der Enttäuschung zurückgelassen hätte. Und dies hat ihm schlussendlich die Entscheidung leicht gemacht.

Phantasiereise: Der Brunnen

Der Frosch, der im Brunnen lebt,
beurteilt das Ausmaß des Himmels
nach dem Brunnenrand.
Mongolische Weisheit

Du spürst, dass der Zeitpunkt gekommen ist. Der Zeitpunkt, klar zu sehen. Klar zu sehen und emporzusteigen. Du siehst dich in einem tiefen Brunnen mit wenig Wasser stehen. Deine Füße werden umspült vom sumpfigen Wasser. Du siehst dich, wie du nur mit Mühe ein Bein herausziehen kannst, und du betrachtest den Schlamm, der daran hängen bleibt.
Du bist nun ganz ruhig und in dich gekehrt. Du spürst, dass es Zeit ist, sich zu lösen. Zu lösen von dem klebrigen Schlamm. Du siehst dich um. Du kannst die Wand in der dämmrigen Dunkelheit wahrnehmen. Und du streichst langsam über

die raue Oberfläche der Wand, die dich umgibt. Sie ist mit Algen und Moos überzogen. Sie fühlt sich nass und kalt an. Mehr und mehr nimmst du deinen inneren Drang wahr, der dir signalisiert, dass es Zeit für einen Neuanfang ist. Du lässt die Hand wieder über die runde Steinmauer, über die algenbenetzte Oberfläche gleiten. Und du spürst die vielen Ablagerungen, die der Lauf der Zeit hinterlassen hat. Es ist Zeit für einen Neubeginn. Und du beschließt im Inneren, dem Licht zu folgen. Dem Licht, das von oben wie mit sanfter Güte auf dich herabfällt und sich im sumpfigen Wasser widerspiegelt. Du blickst ruhig und gelassen nach oben. Du siehst, dass der Brunnen abgedeckt ist und das Licht nur durch den Rand dringt. Und es leuchtet wie ein Ring auf dich herab. Ein Ring ohne Anfang und ohne Ende. Wie stark ist doch das Licht, das durch die kleinste Öffnung dringt. Du kannst nun auch ganz sanft die Wärme spüren, die von dem Licht ausgeht. Und das Licht lässt dich sehen. Es lässt dich eine Leiter aus massivem Eisen erkennen, die in den Stein geschlagen ist. Du hörst das Wasser plätschern, als du die Füße heben willst. Du spürst, wie dich das morastige Wasser festhalten will, aber dein Entschluss, nach oben zu gehen, ist viel stärker. Du spürst den Drang, aus dem sumpfigen Morast heraufzusteigen. Und du lenkst nun all deine Energie in den linken Fuß. Du spürst, wie warm und gleichmäßig die Kraft des Lebens deinen linken Fuß erfüllt und ihn mit Energie versieht. Und nun ballt sich deine Kraft und du beginnst, deinen linken Fuß anzuheben. Jetzt kannst du deutlich den Widerstand des Sumpfes spüren. Doch du weißt genau, dass du ihn mit deinem Willen überwindest. Und du blickst hinab zu deinem Fuß und du siehst, wie er langsam in Bewegung kommt. Du siehst eine Luftblase aufsteigen und du spürst, wie sich dein Fuß nach und nach aus den Fängen löst. Nochmals lenkst du deine ganze Energie in den linken Fuß und mit einem tiefen Atemzug setzt du nun deine ganze Kraft ein und ziehst Stück für Stück deinen linken Fuß aus dem Morast. Mit dem lauten Geräusch von plätscherndem Wasser gibt der Morast deinen Fuß frei. Du setzt ihn auf die erste Eisensprosse der Leiter, die nach oben führt.
Mit einem ruhigen und tiefen Atemzug sammelst du deine Energie im Zentrum deines Atems. Freude und Erleichterung breiten sich in dir aus. Du weißt und spürst, wie wichtig dieser erste Schritt für dich war. Und du weißt, wie viel Kraft in dir steckt. Du blickst nach oben und lässt die Kraft des Lichts auf dich wirken. Und es ist dir, als ob das Licht dich auffüllt mit neuer Energie. Und mehr und mehr Energie strömt in dich ein. Und das Licht strömt über deinen Kopf, über deine Schultern in deine Arme und füllt dich auf mit Kraft und Energie. Jetzt spürst du deutlich, wie die Kraft deinen Bauch durchströmt und auch deine Ober-

schenkel mit Kraft und Wärme auffüllt. Voller Zuversicht spürst du, wie die Kraft des Lichts nun über deine Unterschenkel in deine Füße eindringt und dich mit Kraft versorgt. Du bist stark und du weißt es, denn du hast den ersten Schritt getan. Du holst tief Luft und lässt den Atem in dein Zentrum der Energie eindringen und du kannst mit jedem Atemzug spüren, wie du stärker und stärker wirst.

Und deine Kraft richtet nun die Aufmerksamkeit in deinen rechten Fuß und lässt ihm alle Energie zuteilwerden. Deine Arme richten sich nach vorn und deine Hände ergreifen die Sprossen der Leiter. Nun kannst du deutlich auch die Kraft in deinen Armen und in deinen Händen spüren. Du siehst ganz bewusst, wie kräftig sie die Sprossen der Eisenleiter halten. Nun fließt deine ganze Konzentration auf den zweiten wichtigen Schritt. Du spürst, wie du ruhiger und ruhiger wirst mit jedem Atemzug. Alle Konzentration liegt nun auf dem zweiten Schritt. Du siehst in deinen Gedanken deutlich, wie leicht er dir fallen wird. Und das füllt dich auf mit Zuversicht. Du bist dir deiner ganzen Stärke vollkommen bewusst. Ein tiefer Atemzug trennt dich noch vom zweiten Schritt. Und du holst jetzt tief Luft und ziehst mit deiner ganzen Kraft deinen rechten Fuß nach oben. Wie mit einem wässrigen und wimmernden Schrei gibt der Morast deinen rechten Fuß frei. Und das Gefühl der Freiheit und der Dankbarkeit durchströmt dich. Und du spürst, wie all die eingesetzte Kraft sich wieder zu sammeln beginnt. Ein Lächeln ziert deine Lippen und du empfindest tiefe Dankbarkeit für deine Energie. Du siehst hinab auf den Sumpf, der dich so lange gefangen hielt und den du nun mit eigener Kraft überwunden hast. Du bist voller Freude darüber und erfüllt von Zufriedenheit und Glück.

Du blickst nun nach oben zur Quelle des Lichts. Und du lässt die Energie in dich eindringen und fühlst, wie sie dich stärker und stärker macht. Du spürst, wie mit jedem Atemzug auch deine Zuversicht und das Vertrauen in die Lebensenergie wachsen. Und das Gefühl von Wachstum dringt in jede deiner Körperzellen und du spürst und siehst, wie sie sich unentwegt erneuern, angetrieben von der Kraft des Lichts.

Und du kannst schon spüren, wie sich bereits der nächste Schub an Energie in dir zu sammeln beginnt. Du blickst nach oben und beschließt, nun den nächsten Schritt zu tun. Du richtest deine linke Hand nach oben, um die nächste Sprosse zu erfassen, und ziehst deinen rechten Fuß nach. Es fällt dir leicht und du bist glücklich und zufrieden. Und kraftvoll zieht es dich nach oben. Du blickst nach unten und siehst, dass der Morast schon weiter entfernt liegt. Und du blickst nach oben und kannst sehen, dass du dem Licht näher kommst. Und sogleich unternimmst du den nächsten Schritt. Dein Arm streckt sich dabei nach oben, als ob er

das Licht herbeisehnen würde, und dein Fuß erklimmt die nächste Sprosse der Leiter, die nach oben führt. Wieder bist du dem Licht näher und du kannst immer mehr seine Wärme spüren. Du spürst, wie sie deine Haare und Kleider trocknet. Und erneut streckst du deine Hand dem Licht entgegen und dein Fuß sammelt die Kraft, um dich emporzubringen. Und es ist dir, als ob du mit jedem Schritt immer leichter und leichter wirst. Immer weiter ist der Morast entfernt und immer näher rückst du dem Licht. Einen Schritt nach dem anderen machst du und du fühlst deine große Zuversicht. Mehr und mehr Licht dringt in dich ein und füllt dich auf mit Energie.
Du hast nun den oberen Rand des Brunnens erreicht. Und du bist erstaunt, wie leicht dir alles gefallen ist. Es ist nun noch der steinerne Deckel zu entfernen. Du spürst, wie sich wieder alle Energie im Zentrum deines Atems ballt, denn du bist dem Licht schon sehr nahe. Mit jedem Atemzug wird diese Energie in dir größer und größer. Du entdeckst auf der anderen Seite der Brunnenmauer eine Sprosse einer Leiter. Und du spreizt nun deine Beine, um besseren Halt zu bekommen. Du richtest deine Arme nach oben auf den Brunnenverschluss. Du spürst den feuchten Stein, der den Brunnen verschließt. Du hältst nun beide Hände gegen diesen Stein, während sich deine Energie in der Kraft deiner Arme konzentriert. Du holst nochmals tief Luft und lässt deine ganze Energie fließen. Und du kannst deutlich sehen, wie sich der Stein bewegt. Für einen Moment dringt sehr viel Licht zu dir hindurch. Dann rollt der Stein wieder zurück. Du nutzt den Schwung dieses Rückstoßes und bringst den Stein stärker zum Wackeln, bis er schließlich an den Brunnenrand rutscht und dort wackelnd liegen bleibt.
Nun dringt die Kraft des Lichts ungefiltert in dich ein und du erhältst noch mehr Energie. Noch immer wackelt der Stein am Brunnenrand und du lässt ihn mit der Kraft deiner Gedanken mehr und mehr wackeln, bis er endlich vom Brunnenrand fällt und den Ausgang komplett frei gibt. Mit Stolz und Zuversicht nimmst du den letzten Schritt, der dich aus dem Brunnen herausführt. Du breitest deine Arme aus, um das Sonnenlicht in deinen ganzen Körper aufzunehmen.
Du siehst dich um und entdeckst eine Blumenwiese mit vielen verschiedenen Blumen. Jede für sich versucht mit der Leuchtkraft ihrer Farben der Schöpfung zu huldigen. Du spürst die sanfte Sommerbrise auf deiner Haut, die alles in Bewegung hält. Du siehst Bäume und Sträucher, Wiesen und Wälder. Alles angetrieben von der Kraft des Lichts. Wie gut du dich jetzt fühlst, denn du hast dich auf den Weg gemacht. Und du setzt einen Schritt nach dem anderen auf die Wiese und spürst das feuchte, warme Gras auf deinen Füßen. Du bist voller Freude und tanzt

auf der Blumenwiese. Und jede Blume scheint dir dabei zuzulächeln. Es ist, als ob sich die ganze Schöpfung mit dir freut. Du siehst dich um und genießt den herrlich blauen Himmel in seiner ganzen Klarheit. Die warmen Sonnenstrahlen. Das taufrische Gras. Du saugst diese Eindrücke und all die guten Gefühle tief in dich hinein. Und sie bleiben dir erhalten, solange du es willst. Auch spürst du, dass du, sooft du es willst, auf die Kraft des Lichts, die alles und jeden durchdringt, zurückgreifen kannst.

Du beschließt, weiter auf Wegen des Lichts zu wandeln. Du wäschst von deinen Füßen die Reste des Morastes in einer sanften Quelle, die unter einem Stein hervorspringt. Du bist nun aufgefüllt mit der Kraft des Lichts. Du spürst die Zuversicht tief in dir. Du bist gereinigt vom klebrigen Sumpf. Du schließt nun deine Augen und atmest tief ein und gehst mit jedem Atemzug, Schritt für Schritt zu deiner inneren Mitte, zu deinem Ursprung zurück, mit dem guten Gefühl, jederzeit, wann immer du es willst, zurückkehren und dich der Kraft des Lichts besinnen zu können.

Stress

Ludwig: Ich hab keine Zeit

Wer keine Zeit für die Gesundheit hat,
braucht viel Zeit für Krankheit.
Sprichwort

Diesen Satz, denke ich, hört man sehr oft. So auch von Ludwig. Ludwig war der klassische Gestresste. Er stürzte von einem Termin zum nächsten und war er bei einem Termin angelangt, war er mit den Gedanken bereits beim folgenden. Würde Ludwig sich bei einem Sonnenuntergang entspannen wollen, würde er vermutlich immer weiter westwärts fahren, um mehr davon haben zu können. Dabei sagte er sich täglich tausend Mal vor: »Ich habe keine Zeit.«

Rein sachlich betrachtet hat jeder Mensch exakt die gleiche Anzahl an Stunden pro Tag zur Verfügung. Allerdings ist die Qualität der einzelnen Stunden nicht bei jedem gleich. Ludwig beispielsweise achtete weniger auf die Qualität, ihm ging es rein um die Quantität: Er meinte, er würde jeden Tag gern 48 Stunden haben, »... dann würde sich mehr ausgehen«. »Was könnte man dann machen?«, fragte ich arglos. Ludwig schwieg lange. »Es gibt immer etwas zu tun ...«, stammelte er dann ein wenig angestrengt. »Was würdest du gern tun ...?«, fragte ich nochmals nach. »Darüber hab ich noch nicht nachgedacht, weil ich ohnehin keine Zeit dafür habe.«

Zu Ludwigs seit langem bestehender Hektik schien sich jetzt auch ein wenig Nervosität zu gesellen. Ein gutes Zeichen. Es deutete darauf hin, dass wir der Urwunde in unserem Gespräch zumindest näher gekommen waren. Irgendetwas in seinem Inneren wollte entweder von anderen Herausforderungen ablenken oder Anerkennung und Liebe aufgrund des unermüdlichen Einsatzes erhalten. Diese beiden Motive liegen bei Menschen mit permanenter Zeitnot dem Leiden meist zugrunde. Wir hatten nun begonnen, die eigentliche Wunde einzukreisen. Ludwigs Unterbewusstsein hatte geschickte Abwehrmechanismen eingerichtet. Er erzählte mir unentwegt, was alles wichtig sei und unbedingt noch in den nächsten Tagen erledigt werden müsste. Ich machte ihn auf den Peiniger aufmerksam, den er in sich trug. Unentwegt schlug er auf ein großes schweres Holzfass ein, und bei jedem Schlag hatte Ludwig etwas Wichtiges zu erledigen. Er hatte es wenigstens geschafft, meinen Ausführungen ohne Unterbrechung zuzuhören. Dann aber stand er vor der Zeit auf, weil er »dringend wegmusste«.

Der nächste Termin musste dreimal verschoben werden. Als Ludwig dann kam, wirkte er ausgelaugt und müde. Ich bot ihm eine Phantasiereise an, da die Widerstände gegen einen klareren Blick auf sein Leben nun geringer zu sein schienen. Er ließ sich darauf ein. Er unterbrach mich dreimal mit eher fadenscheinigen Zwischenrufen, ehe sich sein Atem und sein Herzschlag beruhigten. Er lag da und es schien, als ob er noch viel tiefer einsinken wollte, als der Stuhl dies zuließ. Sein Atem wurde ganz ruhig. Schließlich schlief er ein. Da ich wusste, dass er keinen Folgetermin hatte, ließ ich ihn eine Weile schlafen. Sein Gesicht hatte sich außergewöhnlich entspannt. Die harten waren den weichen Zügen nahezu vollständig gewichen. Ich weckte ihn irgendwann auf und er wirkte erstmals ruhig und ausgeglichen. Er erzählte mir, dass er es als wunderbar empfunden habe. Allerdings sprach er von einer völlig anderen Geschichte als der, die in der Phantasiereise vorkam. Dies ist nicht selten, vermutlich wurden in seinem Innersten einige Dinge intensiven Aufräumarbeiten unterzogen und dies brachte Bilder hervor und schenkte ihm das Gefühl der Erleichterung. Zu den nächsten Treffen erschien Ludwig pünktlich und ohne den Druck nachfolgender Termine. Er konnte sich immer tiefer auf die Phantasiereisen einlassen und nach und nach Abstand zu seinem Peiniger Zeit gewinnen. Die folgende Phantasiereise sei allen Stressgeplagten ans Herz gelegt.

Phantasiereise: Die geschmolzene Uhr

Dem Glücklichen schlägt keine Stunde.
Sprichwort

Du atmest ruhig und gleichmäßig. Ein und aus. Es ist nun Zeit, ein wenig innezuhalten. Innezuhalten, um zu sehen. Und du siehst dich mit einer Mappe in der einen Hand und einem Mobiltelefon in der anderen. Du läufst in deinem Zimmer wild auf und ab. Du scheinst sehr nervös zu sein. Du betrachtest dein wildes Treiben in aller Ruhe. Dein ruhiger Atem führt dich gleichmäßig zu Stille und Einkehr. Und du betrachtest dich und dein Treiben weiter. Du entdeckst eine große, mächtige Uhr. Es ist deine Uhr. Du betrachtest sie voller Liebe. Du betrachtest ihren goldenen Rand, der dir kräftig entgegenleuchtet. Du siehst, wie riesig sie ist. Sie ist deutlich größer als du selbst. Sie wirkt auf dich wie reine Energie. Energie und Kraft strömt aus den Farben der Uhr. Direkt in dein Innerstes. Du kannst nun die Macht fühlen, Energie zu geben und Energie zu nehmen. Und je mehr Energie du vom Leuchten deiner Uhr aufnimmst, desto ruhiger und ausgeglichener fühlst du dich. Du spürst nun, wie Wärme in deinem Körper entsteht. Sie entsteht bei den Füßen und dringt wie eine Quelle des Lichts in deine Beine. Du atmest ruhig und gleichmäßig tief in dich hinein. Und du lässt den Atem tief entspannt von selbst wieder ausströmen. Kraft und Energie wandern weiter, langsam und gleichmäßig spürst du nun die Wärme aufsteigen in deinen Unterleib. Und diese Wärme macht dich ruhig und zufrieden. Und die Energie läuft weiter und erfüllt nun deinen Oberkörper mit der Kraft des Lichts. Du atmest mehr Energie in dich hinein und du spürst, wie deine Arme erfüllt sind von der magischen Kraft, die aus deinem Atem kommt.

Wohlige Wärme hat nun deinen Körper erfüllt und dringt langsam in deinen Kopf. Sie erfüllt deinen Mund, deine Nase, deine Augen mit Energie.
Und du spürst jetzt deutlich, wie sich deine Zellen erneuern. Wie sie frisch und lebendig werden. Auch deine Gedanken sind voll Kraft und Reinheit. Jede Zelle deines Körpers ist nun erneuert und aufgefüllt mit der Kraft des Lichts. Und deine Augen sehen mit der neuen Kraft zu dir hin. Und sie sehen dich klar. Sie sehen dein Tummeln und dein Treiben. Und deine Ohren hören deine Worte, die du sagst. Du nimmst dich selbst wahr in deiner Mitte.
Und du siehst wieder auf die große Uhr. Siehst, wie der Sekundenzeiger wie wild seine Runden dreht. Und du beschließt, ihm dafür die Energie zu entziehen. Du atmest dazu tief ein und spürst, wie deine ganze Konzentration in deine Mitte wandert. Und du atmest aus und lässt dadurch jegliche Belastung von dir abfallen. Wieder atmest du tief ein und nun kannst du deine Mitte deutlich spüren. Alle Kraft und Konzentration fließt in deine Mitte und du spürst die Macht, die sich dahinter verbirgt. Du atmest wieder aus und die ganze Belastung fällt vollständig ab von dir. Und du blickst wieder auf die Uhr. Du siehst, wie ein Strahl des Lichts aus deiner Mitte kommt und auf das Zifferblatt deiner Uhr fällt. Und du spürst die Macht, die dir gegeben ist. Die ganze Macht. Und du siehst, wie der Sekundenzeiger nun langsamer wird. Er wird langsamer und langsamer. Es scheint, als wolle er sich deinem ruhigen und gleichmäßigen Atem anpassen. Freude kommt in dir hoch. Und du genießt die unendliche Macht, die dir verliehen ist. Und langsamer und langsamer dreht der Sekundenzeiger seine Runden. Du spürst, wie nun auch das Getöse immer mehr in den Hintergrund verschwindet. Eine tief empfundene Ruhe breitet sich in dir aus. Du atmest ruhig ein und ruhig wieder aus. Und es wird still. Der Sekundenzeiger bewegt sich sehr träge von Sekunde zu Sekunde. Es scheint dir nun, als würdest du immer leichter. Und wieder eine Sekunde, die langsamer vergeht als die vorige. Und du genießt die Macht deines Atems, wie er alles zur Ruhe bringen kann. Mit dem nächsten Atemzug beschließt du, die Zeit anzuhalten. Der Sekundenzeiger bleibt stehen und du spürst die tiefe Weisheit, die von deiner Uhr ausgeht. Du hörst in dich hinein. Und es ist dir, als ob du die Stille hören könntest. Wie einen gleichmäßigen Klang voll Harmonie und Frieden. Und deine Augen sehen tief in dich hinein. In die unendlichen Weiten deines Innersten. Und du atmest wieder tief ein, bis an deinen Mittelpunkt, und du spürst, wie es dir möglich ist, den Atem in jede beliebige Körperstelle zu lenken. Du spürst, wie sich deine Zellen immerfort und in aller Ruhe erneuern. Du kannst sie förmlich sehen. Du kannst sehen, wie alles neu und frisch wird in dir.

Und du blickst auf deine große Uhr. Du betrachtest sie von allen Seiten. Du gehst um sie herum. Du siehst die mächtigen Zeiger. Das Zifferblatt mit seinen Goldgravuren. Du betrachtest auch die Rückseite, jede einzelne der vergoldeten Schrauben. Wie fein sie doch gearbeitet ist. Du öffnest die Rückseite, um das Uhrwerk zu betrachten. Du siehst die vielen Rädchen, die ineinandergreifen. Das Hämmerchen, das den Takt vorgibt. Und du spürst, wie sich mehr und mehr Weisheit in dir ausbreitet. Du stellst dich vor deine riesige Uhr hin und sammelst über deinen Atem deine Konzentration in deiner Mitte. Du kannst die Wärme in deiner Mitte spüren. Aus dieser Wärme formt sich ein Strahl der Energie. Und du vergrößerst mit deiner inneren Kraft diesen Strahl, der von dir ausgeht, und der Strahl wird größer und kräftiger. Bis er das Zifferblatt erreicht. Und der Strahl breitet sich nun über das Zifferblatt aus und umfasst wie eine warme Flüssigkeit deine große Uhr. Du siehst zu, wie die fließende Energie deines Strahls deine Uhr umhüllt. Und du lächelst voller Freude. Tiefe Weisheit hat dich erfüllt. Du siehst, wie die Farben deiner Uhr sich verändern. Sie scheinen weicher zu werden und etwas matt, so als ob sie mit Flüssigkeit benetzt wären. Du spürst, wie immer mehr Wärme von deinem Strahl ausgeht. Und du kannst sehen, wie deine Uhr zu schmelzen beginnt. Und sie verliert langsam und gleichmäßig ihre Form. Du hast Freude an dem Spiel und sendest noch mehr Energie in deinen Strahl. Und deine Uhr schmilzt langsam und gleichmäßig. Nun beginnen sich die Farben zu verflüssigen und tropfen zu Boden. Mehr und mehr zerschmilzt deine Uhr. Sie tropft immer mehr zu Boden und es bildet sich ein kleiner See rund um deine zerschmolzene Uhr. Nur wenige Teile ragen aus dem See, der in den herrlichsten Farben leuchtet. Nun ist die ganze Uhr in dem See verschwunden.

Und du siehst hinein in den See und kannst dein Gesicht darin erkennen. Du siehst dich darin lächeln. Und du betrachtest die Farben, die sich in dem See widerspiegeln. Denn es sind deine Farben. Die Farben, die aus dir herausleuchten. Und symbolisch dringst du ein in die Farben und es ist dir, als wenn du die Sonne darin erkennen könntest. Diese Kraft und Energie, die von ihr ausgeht. Und noch mehr Weisheit dringt in dich ein. Und du siehst nun immer deutlicher die Sonne aus deinem See lachen. Und du siehst die Strahlen deiner Sonne, wie sie bis an den Rand deines Sees leuchten. Und du siehst dir jeden einzelnen Sonnenstrahl an, wie er kraftvoll an den Rand des Sees leuchtet. Und es ist dir, als ob dir die Sonnenstrahlen etwas zeigen möchten. Du richtest noch mehr Aufmerksamkeit auf das Licht der Sonne. Und du siehst, wie Sonnenstrahlen auf dem See ein Zifferblatt gebildet haben. Du lächelst tief in dich hinein. Und du beschließt, Zeiger darauf

anzubringen. Du lässt in Gedanken einen Stundenzeiger aus der Tiefe des Sees aufsteigen. Und du betrachtest ihn mit seinem schönen Relief. Er scheint aus Holz geschnitzt zu sein. Du lässt nun einen zweiten Zeiger aufsteigen. Dieser soll dir die Minuten zeigen. Auch er scheint aus Holz geschnitzt zu sein. Er ist offensichtlich mit viel Liebe und Sorgfalt gemacht worden. Nun lässt du einen dritten Zeiger aufsteigen, der groß, aber sehr dünn wirkt. Er ist sehr zart und ordnet sich behutsam zu den anderen Zeigern.
Du betrachtest nun dein Werk mit ganzer Hingabe. Das Sonnenzifferblatt auf deinem See. Die geschnitzten Zeiger, die aus der Tiefe deines Sees kamen. Erfüllt von Freude und Zufriedenheit lächelst du. Deine neue Uhr scheint dir wie ein Werk der Vollkommenheit. Und du beschließt, sie nun zum Leben zu erwecken. Und deine innere Mitte richtet sich mit ihrer Konzentration auf den dünnen, zarten Zeiger. Und dieser nimmt die Energie auf und beginnt leicht zu vibrieren. Du sendest mehr Energie und die Vibrationen werden stärker. Immer stärker werden die Vibrationen, bis der Zeiger sich endlich in Gang setzt. Und langsam und gleichmäßig beginnt er seine Runden zu ziehen. Immer eine Sekunde. Dann die nächste. Immer ruhig und gleichmäßig, gleichmäßig wie dein Atem. Du betrachtest in aller Ruhe dein neues Werk, das da vor dir liegt. Die drei Zeiger, die nun ihre Arbeit aufgenommen haben, ruhig und gleichmäßig. Du spürst, dass es Zeit ist, umzukehren mit dem guten Gefühl, dass du deine innere Uhr jederzeit anhalten und verändern kannst, wann immer du es willst. Du spürst im Innersten, dass es gut ist.

Trauer

Isolde: Das Leben hat ohne ihn keinen Sinn

Isolde war Mitte 60 und Witwe, ihr Mann war vor relativ kurzer Zeit gestorben. Isolde war im Bekanntenkreis stets als offen und kommunikativ, vor allem aber als gutes Beispiel für einen Positiv-Denker bekannt. Egal welche Windungen der Fluss des Lebens ihr auch brachte, stets hielt sie den Kopf oben und sagte sich muntere Affirmationen vor. Es dauerte nie lange und sie hatte emotional wieder Oberwasser. Sie ließ sich von den Schwierigkeiten einfach nicht unterkriegen. Einer ihrer Leitsätze war »keep smiling«, immer lächeln. Ihre Philosophie war ihr lebenslanger Begleiter, der sie stets heiter und fröhlich wirken ließ.

Nun saß diese Isolde vor mir, den Kopf in die Hände gestützt – eine Haltung, die ich bei ihr noch nie gesehen hatte –, wortkarg und tief in sich gekehrt. Sie schien innerlich mit ihrem Mann mit gestorben zu sein. Beide waren über dreißig Jahre verheiratet und vermutlich noch länger zusammen. Sie wirkten auf ihre Umgebung so, als wenn sie schon ewig zusammengehörten. Ihr verstorbener Gatte war ebenso wie sie immer heiter und witzig. Alle hatten ihn wegen seiner Lebensfreude und seiner Witze geliebt. Sein Lachen wird vielen noch lange nach seinem Tod in Erinnerung bleiben, da es besonders herzlich und voll seines heiteren Charakters war.
Doch in seinen letzten Lebensjahren war etwas passiert, was viele nicht mitbekommen sollten. Mit dem Ruhestand hatte er eine Art Filmriss erlebt. Sehr schnell waren ihm die Lebenslust und die Heiterkeit verloren gegangen, so als wäre ihm mit der Arbeit der Sinn im Leben abhandengekommen. Das Paar ließ sich in der ersten Phase nach außen hin nichts anmerken und hoffte auf Besserung. Bald aber war der Zustand des Mannes in eine melancholische Schwermütigkeit gemündet, der er mit sehr viel Alkohol Herr zu werden versuchte. Die Depression war in kurzer Zeit heftiger geworden, die hellen Momente waren immer mehr der Dunkelheit gewichen. Leider haben die Schulmediziner die wirkliche Dramatik hinter seiner Depression nicht erkannt. Das letzte Stadium zersetzte seinen Körper infolge des Alkoholmissbrauchs und er war nach sechs Wochen qualvollen Leidens gestorben. Isolde hatte erstmals in ihrem Leben nichts anderes tun können, als ohnmächtig zuzusehen. Sie hat nicht verstehen können, was hier passierte.
Zuerst war das spontane Ende wie ein Schock in ihr Innerstes eingedrungen. Sie konnte lediglich in irgendeiner Weise funktionieren, um das Begräbnis und die nötigen Erledigungen zu organisieren. Dann folgte eine Zeit der Leere, die sich noch immer wie ein schwarzer Sog durch ihr ganzes Wesen zog. Wir sprachen viele Stunden, bis sie sich langsam öffnete. Sie erzählte von den Umständen, die der Alkoholmissbrauch mit sich brachte, davon, wie sie völlig verständnislos zusah, wie sich ein Mensch, der sie so lange begleitet hatte, so verändern konnte. Sie erzählte weiter, dann brach sie in Tränen aus, begrub ihr Gesicht in ihrem Arm und weinte laut und bitterlich. Es war das erste Mal nach dem Tod ihres Mannes, dass sie weinen konnte. Und sie weinte lange

und aus ihrem tiefsten Inneren. Ich sagte nichts, ich legte nur meine Hand auf ihren Arm. Der ganze Schmerz brach jetzt aus ihr hervor. Ihre Tränen zeigten, dass sie angefangen hatte loszulassen. Isolde war völlig aufgelöst und ich brachte sie nach Hause.
Wir trafen uns bereits einige Tage später wieder und ich konnte erleichtert feststellen, dass es ihr deutlich besser ging. Sie erzählte, dass sie im Fluss der Tränen verstanden habe, dass sie nicht klammern dürfe. Sie würde nun gern loslassen. Ich war wieder einmal dankbar erstaunt, wie viel Kraft in den Tränen steckt und wie viel sie in Gang bringen können. Isolde hatte begonnen, ihre Wohnung neu zu ordnen. Dabei stieß sie immer wieder auf Gegenstände, die mit ihrem verstorbenen Mann verbunden waren. Immer wieder musste sie ihre Arbeit unterbrechen und noch etwas den Gedanken nachhängen und trauern. Ich bestärkte sie in dem Gedanken, das Leben für sich neu zu gestalten, ohne jeglichen Druck, und auf der anderen Seite ebenso auch ihre Trauer zuzulassen. Sie beschloss, ihre Rolle als Witwe anzunehmen und neu zu beginnen. Ich denke, sie wusste, dass dies ein Weg ist und keine plötzliche Veränderung in ihrem Leben. Isolde hat sich dafür entschieden, den Weg zu gehen und die Heilung geschehen zu lassen.
In der nächsten Phantasiereise, die Isolde sehr zu schätzen lernte, wird der Weg der Trauer durch eine Kutschfahrt symbolisiert. Auf dieser Reise wird der Trauer ebenso viel Platz eingeräumt wie dem Neubeginn.

Phantasiereise: Die Kutsche

Es genügt nicht, zum Fluss zu kommen
mit dem Wunsch, Fische zu fangen,
man muss auch das Netz mitbringen.
Chinesische Weisheit

Der Kutscher sitzt regungslos auf seinem Bock. Sechs schwarze Pferde ziehen langsam und gleichmäßig sein dunkles Gefährt. Du sitzt in der Kutsche und schiebst den Vorhang zur Seite, um nach draußen zu sehen. Doch du nimmst nur wenig von der Landschaft wahr. Noch sind deine Gedanken zu schwer. Noch ist dein Blick zu sehr in dich gekehrt. Die Kutsche fährt über Stock und Stein. Es ist, als ob du jede Unebenheit des Weges in dir spüren könntest. Doch tief im Innersten weißt du genau, dass dies dein Weg ist.

Die Pferde laufen, die Räder rollen. Jetzt dringt nach und nach mehr Licht ein und du spürst in deinem Innersten, dass du deinem Ziel schon nahe bist. Die Kutsche rollt nun langsamer und langsamer. Die Räder sind jetzt nur noch ganz leise zu hören. Es ist, als wenn sie über weiches Moos gleiten würden. Auch dein Atem wird langsamer und gleichmäßiger. Es ist, als ob die Schwere nach und nach von dir abfallen möchte. Die Kutsche hält nun vor einem riesigen felsigen Berg. Er erscheint dir groß und mächtig, aber auch gütig und mit einer tiefen Allweisheit beseelt. Mitten im Berg ist eine längliche Öffnung, die deine Neugier erweckt. Dir ist, als ob du deinen Namen mit sanfter Stimme rufen hörst. Du steigst aus und setzt einen Fuß vor den anderen. Du bewegst dich auf die Bergöffnung zu. Du hörst den sanften Wind, der sein Liedchen um die Felsspitzen wehen lässt. Ruhig und gleichmäßig bewegst du dich auf die Öffnung zu, bis du schließlich direkt davorstehst. Du hältst einen Moment inne und nimmst die Stille wahr. Nur den leisen Wind kannst du noch flüstern hören. Du atmest tief ein und wieder ist dir, als ob du deinen Namen rufen hörst.

Vorsichtig betrittst du das Berginnere. Du setzt einen Fuß nach vorn und spürst den feuchten, warmen Boden unter dir. Es ist sehr dunkel hier drinnen, nur in der Mitte ist gebrochenes Licht zu erkennen. Du hörst Wasser plätschern, wie von einer frischen Quelle, und eine angenehme Wärme umgibt deine Füße. Du setzt einen weiteren Schritt vorwärts und spürst warmes Wasser, wie es lieblich deine Füße umspült. Jetzt kannst du deutlich den See vor dir erkennen. Das Licht scheint aus der Mitte des Sees, der Wasserspiegel liegt ruhig vor dir und schimmert im freundlichen Licht. Deine Augen erkennen immer mehr und nehmen nun auch eine Treppe wahr, die in den See führt. Jede Stufe ist mit sanftem Gelb umrandet, um dir den Weg zu weisen.

Du nimmst die erste Stufe und fühlst, wie deine Beine mit Wasser umspült werden. Du nimmst die zweite Stufe und es dringt immer mehr Wärme auch in deine Knie. Du gehst eine Stufe weiter und hast das Gefühl, als würde das warme Wasser die Schatten von deiner Haut waschen und in Licht verwandeln. Du steigst auf die vierte Stufe und die Wärme des Lichts durchdringt nun deinen gesamten Unterleib. Du nimmst die fünfte Stufe und auch dein Oberkörper ist nun durchströmt mit Wärme und Geborgenheit. Ein tiefes Gefühl der Freude breitet sich mehr und mehr in dir aus. Du lässt deinen Körper nach vorn fallen und spürst, wie die Kraft des Wassers dich trägt. Alle Anstrengung ist vollkommen von dir gefallen. Du spürst nur noch das warme Wasser, das dich mit unsichtbaren Armen und der Leichtigkeit des Lichts trägt. Es scheint dir, als ob dieser Ort alle Weisheit in sich trägt und sie mit dem Licht des Sees verströmt.

In dem Gefühl tiefer Geborgenheit tauchst du dem Licht entgegen. Je tiefer du tauchst, desto intensiver kannst du die Wärme spüren, die deinen gesamten Körper durchflutet. Wohlbefinden und Freude zaubern ein Lächeln auf deine Lippen. Du tauchst tiefer. Immer tiefer, dem Licht entgegen. Der See ist ganz erfüllt vom Licht und du kannst nun Korallen in kräftigen und wunderschönen Farben erkennen. Du nimmst die bunte Pracht der Farben tief in dein Innerstes auf und du spürst, wie diese Farben deinem Herzen Freude bringen. Kleine Neonfische begleiten dich auf dem Weg zu dem Ursprung des Lichts. Es gesellen sich mehr und mehr dieser freundlichen Begleiter zu dir. Du siehst Fische in den herrlichsten Gestalten. Du kannst tief in dir die Weisheit des Lichts erkennen, wie es alle Wesen erfüllt. Erfüllt mit Licht.

Nun bist auch du bereit, das Licht in dich aufzunehmen. Du breitest deine Arme weit aus und öffnest dich vollkommen dem Licht. Das Licht bündelt seine Strahlen, formt sich zu einer orangegelben Masse und strömt langsam und gleichmäßig in deine Brust ein. Wärme und Geborgenheit erfüllen dich. Mehr und mehr saugst du das Licht ein. Bis dein ganzer Körper erfüllt ist und das Licht widerspiegelt. All deine Begleiter scheinen dir zuzulächeln. Auch du lächelst ihnen voller Dankbarkeit und Freude zu. Du siehst nach oben zum Wasserspiegel, denn du bist nun bereit zurückzukehren, getragen von der Kraft und der Energie des Lichts. Du richtest die Hände nach oben und stößt dich mit einem kräftigen Satz vom Boden des Sees ab. Voller Freude kannst du deine Kraft spüren, die dich immer weiter nach oben bringt. Du wirst begleitet von dem Gefühl, den Weg zum Ursprung des Lichts zu kennen.

Du tauchst nun vollständig auf und alle Dunkelheit im Inneren des Berges ist gewichen. Du siehst die gelbumrandeten Stufen, die dir den Weg nach draußen weisen. Du steigst auf die fünfte Stufe, getragen von Freude und Zuversicht. Die vierte Stufe nimmst du im Bewusstsein deiner Kraft und Stärke. Du steigst auf die dritte Stufe und fühlst dich voller Freude. Auf der zweiten Stufe spürst du, wie die Kraft deines Inneren den Raum mit Helligkeit erfüllt. Auf der ersten Stufe spürst du ein inneres Lächeln voller Harmonie. Nun möchtest du nach draußen, gestärkt durch die Weisheit des Lichts. Durch die Bergöffnung lächelt dir die Sonne entgegen und symbolisch breitest du die Arme aus, um die ganze Welt zu umarmen. Du schreitest durch die Bergöffnung und blickst noch einmal zurück. Du bist voller Dankbarkeit, den Weg zu kennen. Dein Blick wendet sich nun nach draußen, du siehst die bunte Blumenwiese und siehst das Licht in den Bäumen und Sträuchern, in jeder Blume, in jedem Grashalm. Du siehst, wie das Licht sie zum Leuchten bringt, in den Farben der Liebe. Die Kutsche brauchst du nicht mehr, sie ist ohnehin längst abgefahren. Den Weg zurück schreitest du mit Leichtigkeit.

Antriebslosigkeit

Simon: Mich freut nichts mehr

Es musste zehn Jahre her sein, seit ich Simon das letzte Mal gesehen hatte. Wir waren Schulfreunde und soweit ich mich erinnern kann, war er immer ein etwas rundlicher, stets lustiger Zeitgenosse gewesen. Als ich Simon neulich wiedersah, hätte ich ihn beinahe nicht erkannt: Hagere Gestalt, hängende Schultern, das Gesicht verfrüht in Falten gelegt, seine Wangen schienen trotz seines Untergewichtes an ihm zu hängen wie Wäsche an der Leine. Aus seinem fröhlichen, spritzigen Gang war ein schwerer, schlaffer Schritt geworden. Simon war unrasiert, was mich ein wenig irritierte, da er früher immer sehr viel Wert auf sein Äußeres gelegt hatte. Er wirkte mit diesem Outfit borstig und auch ein wenig unfreundlich. Wir hatten uns auf dem Markt getroffen und er hatte mich angesprochen. Ich freute mich zwar, ihn wiederzusehen, konnte aber die Enttäuschung über seine Erscheinung – oder was davon übrig geblieben war – nicht verbergen. Er begann sofort zu erzählen, wie schlecht es ihm ging. Selten habe ich so deutlich die äußere Verwirklichung innerer Zustände gesehen.
Simon war lange Zeit ohne Partnerin gewesen. Mit Mitte zwanzig hatte er bereits Torschlusspanik. Doch irgendwann hatte er die Frau fürs Leben kennen gelernt. Sie war deutlich älter als er. Simon genoss die Freuden der Zweisamkeit und änderte sein Leben radikal. All die Dinge, die er früher gern getan hatte, schienen ihm nichts mehr zu bedeuten. Simon war zu einem Familienmenschen reinster Kultur geworden. Bald wurde geheiratet. Seine Frau brachte zwei eigene und ein Pflegekind mit

in die Ehe. Simon konzentrierte sich ganz auf seine Rolle als Stief- und Pflegevater. Obwohl er selbst aus nicht ganz einfachen Familienverhältnissen stammte, schien ihm die Rolle wie auf den Leib geschneidert. Er las sehr viel zum Thema Erziehung und besuchte jeden Kurs, der von der Jugendfürsorge für junge Pflegeeltern angeboten wurde. Simon erzählte von den Schwierigkeiten mit den leiblichen Eltern des Pflegekinds und dass seine Frau so froh darüber wäre, dass er das nun alles klärt und ausficht, da sie sich immer so darüber aufregen würde und er die Ruhe selbst wäre. Seine Frau war sehr stolz auf ihn, das war deutlich herauszuhören.

Sie freute sich auch, weil Simon mit den Kindern sehr viel unternahm. Er begleitete die große Tochter zu ihren Reitstunden, den mittleren Sohn zum Kung-Fu-Unterricht und die Kleinste wollte ein großer Musikstar werden und lernte deshalb im Augenblick Gitarre. Sie hatte schon Flöte, Klarinette und Klavier »gelernt«. Als ich wegen dieser häufigen Hobbywechsel nachfragte, erzählte Simon, dass sie wohl nicht so viel Geduld hätte, er ihr aber ermöglichen möchte, möglichst viel kennen zu lernen. Bei näherem Hinterfragen verhielt es sich bei den anderen Kindern nicht viel anders – sie hatten in sehr kurzen Abständen immer neue Hobbys, die jedes Mal Organisationstalent und Aufwand von Simon verlangten. Dann erzählte Simon von seinem Beruf und dass ihn seine Weiterbildung, die er vor einem Jahr begonnen hatte, immer mehr unter Druck bringen würde. Im kommenden Juni sei Abschlussprüfung und mit dem Zertifikat würde sein berufliches Weiterkommen gesichert sein. Von seiner Frau erzählte er nur wenig. Nur, dass sie immer herumnörgelte und eigentlich nie zufrieden war. Er konnte es nicht verstehen. Ich fragte nach, was er denn eigentlich für sich selbst tue. Ob er noch zum Fußball oder in den Schachklub gehe. Simon lächelte zynisch: »Glaubst du wirklich, dass mir für so was Zeit bliebe? Ich habe Wichtigeres zu tun!« Es klang verbittert. Simon schien sich im Laufe der Zeit immer mehr Lasten aufgehalst zu haben, immer in der Hoffnung, durch etwas Neues die bereits bestehende Last leichter tragen zu können.

Alle zwei Wochen wurden die Kinder von ihren leiblichen Vätern abgeholt, da hätte Simon Zeit, etwas zu tun, was ihm persönlich Spaß machte. Aber es war nicht so genau vorherbestimmbar, da diese Väter sehr unzuverlässig waren. »Und wenn dann wirklich mal alle außer

Haus sind, dann finde ich nicht die Kraft, etwas zu tun. Dann hänge ich nur rum und merke, dass mich ohne die Familie eigentlich nichts mehr freut«, sagte er traurig.
Simon war in einen Strudel der Verpflichtungen und der auf ihn abgeschobenen Verantwortungen geraten. Er war so weit ausgepowert, dass er am Rande eines Zusammenbruches stand. Ich riet ihm, einen Psychotherapeuten aufzusuchen, der auf das Burnout-Syndrom spezialisiert war, denn ein solches schien mir hier vorzuliegen. Er lehnte zuerst brüsk ab, war aber zu einer Phantasiereise bereit. Die nachfolgende Reise ließ ihm dann auch die Hilfe eines Psychotherapeuten als sinnvolle Möglichkeit erscheinen. Sie sei all denen besonders ans Herz gelegt, die schwer an Verantwortung tragen, auch wenn diese ihnen zuweilen von anderen aufgebürdet worden ist.

Phantasiereise: Die schweren Schuhe

Wer mehr Glück als Verstand haben will,
darf seinen Verstand nicht seinem Glück
in den Weg stellen.
Hans Kruppa

Es ist gut, dass du dich auf den Weg gemacht hast. Den Weg hierher. Du siehst zu deinen Füßen hinab. Siehst deine schweren Schuhe. Schuhe, die dir Schutz gegeben haben. Schutz vor Stock und Stein. Du siehst dich um. Und du entdeckst die Blumenwiese, die vor dir liegt. Mit saftigem, frischem Gras. Mit grünem Gras. Du schließt die Augen und atmest tief durch die Nase ein und spürst, wie der frische Duft des grünen Grases tief in dich hineindringt. Und er füllt dich auf mit Leben. Du atmest nun aus und alle Belastung weicht von dir. Du atmest wieder tief ein, so als ob du den lieblichen Duft der Blumen aufsaugen wolltest.
Du kannst nun die Ruhe in dir spüren, wie sie deinen Körper durchflutet. Alle Belastung ist ausgeatmet. Dein Blick gleitet am Horizont der Landschaft entlang, die dich umgibt. Du bewunderst die lange grüne Wiese, wie sie in tiefstem Frieden vor dir direkt in den Himmel mündet. Es scheint dir, als ob sie niemals enden möchte.

Und dein Blick gleitet weiter über die Blumen, die vom sanften Wind bewegt ihre Farbenpracht dem Himmel entgegenstrecken. Und du siehst die Schmetterlinge, wie sie von Blume zu Blume flattern, so als ob es ihr einziges Ziel wäre, von den Farben zu kosten und sie in sich aufzunehmen. Und so spürst du, wie auch du alle Farben der Schöpfung mit jedem Atemzug aufsaugst. Es ist, als ob auch dir Flügel wachsen wollen. Flügel, so bunt und voller Vielfalt, wie die der Schmetterlinge, mit ihren wundervollen Zeichnungen und Bemusterungen. In kräftigem Orange strahlt die große Sonne mit ihrer Lebenskraft und ihre sanften Wärmestrahlen berühren sanft deine Haut. Wie ein leichtes zärtliches Streicheln dringt die Kraft des Lichts in dich ein und deine innersten Farben beginnen zu leuchten, wie Blumen, die sich nach einem warmen Sommerregen wieder aufrichten, um der Schöpfung zu huldigen.
Dein Blick gleitet weiter durch diese wundervolle Landschaft und es ist, als wenn alle Blumen und Gräser sich dir zuneigen, um dich als ein Kind der Schöpfung zu begrüßen. Dein Blick gleitet langsam und gleichmäßig wieder zu dir zurück, bis hinab zu deinen Füßen. Sie sind schwer von deinem langen Weg. Du öffnest vorsichtig die Riemen deiner Schuhe, um sie auszuziehen. Und mit dem Lösen der Riemen fühlst du, wie auch die Belastung aus deinen Beinen weicht. Das Gefühl der Leichtigkeit durchdringt deine Beine und es scheint dir, als ob sie fliegen könnten. Fliegen wie die Schmetterlinge. Von Blume zu Blume. Von Farbenpracht zu Farbenpracht. Du stellst deine Schuhe beiseite, getragen vom tiefen Gefühl, genau das Richtige zu tun.
Du nimmst nun eine Decke in beide Hände und schüttelst sie im Wind aus. Du hast Freude an dem Spiel des Windes, wie er deine Decke schüttelt. Der Wind wird nun ruhiger und gleichmäßiger und auch deine Decke liegt ruhig auf einem Luftpolster, bis sie sich gleichmäßig zur Erde senkt. Nun ist es Zeit, sich auszuruhen. Auszuruhen auf deiner Decke. Du legst dich auf deine weiche, flauschige Decke und lässt alle Schwere und alle Müdigkeit in sie hineinsinken. Und dein Atem ist gleichmäßig und ruhig geworden. Friede und Freude und vollkommene Gelassenheit umgeben dich. Deine Augen sind zum Himmel gerichtet. Weiße kleine Wolken ziehen am Himmel entlang, wie kleine freundliche Schäfchen. Sie kommen und ziehen weiter. In manchem meinst du Gesichter zu erkennen, die dich gütig betrachten, in anderen siehst du Figuren und Gebilde, die sich an der unendlichen Weite des Himmels laben. So kommen auch Gedanken wie kleine weiße Wolken in dir hoch, du betrachtest sie in tiefer Gelassenheit, siehst Formen und Konturen, nimmst sie in dir auf und lässt sie frei. Du lässt sie frei, damit sie weiterziehen

können. Und so ziehen all deine Gedanken ruhig und gleichmäßig an dir vorüber. Weiter auf ihrem Weg.
Du nimmst nun das leise Flüstern des Windes wahr, wie er durch die Gräser streicht. Du genießt, wie friedlich seine Stimme klingt, wie sanft er deine Haut berührt. Und deine Gedanken kommen und formen sich zu kleinen weißen Wolken. Du umarmst sie symbolisch und lässt sie wieder frei im Flüstern des Windes. Und mit jedem Gedanken, den du frei lässt, spürst auch du immer mehr das Gefühl der Freiheit in dir. Frei und leicht wie der Wind. Frei und leicht ist nun auch dein Gemüt. Tief in dir breitet sich die Weisheit des Lebens aus. Die Weisheit vom Geben und vom Nehmen. Die Weisheit vom Kommen und vom Weiterziehen. In Gedanken siehst du die Ereignisse deines Lebens vor dir, wie sie gekommen und wie sie weitergezogen sind. Jedes Ereignis war ein wesentliches Stück deines Weges. Du umarmst sie mit Hingabe und lässt sie frei. Du lässt sie frei, damit sie weiterziehen können. Und du spürst, wie du immer mehr an Freiheit empfängst, je mehr du gibst. Und du fühlst, wie du immer mehr befreit bist. Und diese Freiheit schafft dir tief in deinem Innersten immer mehr Raum. Mehr Raum zum Atmen. Mehr Raum zu deiner Entfaltung. Mehr Raum für neue Kraft und neue Energie.
Und du atmest tief ein und spürst, wie sich neue Kraft und neue Energie in dir ausbreiten, mehr und intensiver als je zuvor. Es ist, als wenn du Licht eingesaugt hättest, das nun immer mehr und mehr in dir leuchtet. Und es leuchtet mit jedem Atemzug immer mehr und mehr. Es leuchtet nun so stark in dir, dass du es durch deine Haut sehen kannst. Bis in die kleinste Zelle deines Körpers bist du erfüllt vom Licht. Und aus dem Licht bilden sich Farben. Kräftige Farben schimmern durch deine Haut hindurch. Du genießt die innere und äußere Harmonie des Lichts und der Farben. Mit jedem Atemzug empfängst du unendlich viel Licht.
Und du hörst in dich hinein und du hörst aus dir heraus. Du hörst die Farben deines Atems und das sanfte Rauschen des Windes in vollendeter Harmonie. Du hörst dich innerlich lachen und auch deine Mundwinkel formen sich zu einem freundlichen Lächeln.
Du richtest dich nun auf, um der Natur in ihrem schönsten Kleid deine Bewunderung entgegenzubringen. Auch in deiner inneren Natur bewunderst du die vollkommene Harmonie. Harmonie im Inneren. Harmonie im Äußeren. Du siehst das saftig grüne Gras und die Blumen mit ihren leuchtenden Farben. Du siehst, wie es auch in deinem Inneren zu blühen beginnt, getragen von der Kraft des Lichts. Du richtest dich nun auf und stehst mit beiden Beinen auf der fruchtbaren Erde, die so

wie du aus ihrem Inneren alle Farben der Freude hervorbringt. Deine Zehen fühlen den guten und fruchtbaren Boden unter sich. Deine Füße spüren das feuchte Gras und du rollst deine Zehen zusammen, um noch mehr zu spüren. Es ist ein guter Grund, auf dem du stehst. Auf dem du aufrecht stehst.
Du breitest deine Arme aus, als wolltest du die ganze Welt umarmen. Du siehst auf deine Decke, nimmst sie wieder in beide Hände und lässt sie im Wind wehen. Alle Belastung, die sie aufgenommen hat, schüttelst du im Wind aus. Du legst deine Decke zusammen mit dem guten Gefühl, dass du jederzeit, wann immer du es möchtest, hierher zurückkehren kannst. Mit einem Lächeln nimmst du deine Decke unter den Arm und blickst zum Himmel. Du siehst die weißen Wolken ziehen, getragen von der Leichtigkeit des Windes. Auch du möchtest jetzt weiterziehen, denn es ist der richtige Zeitpunkt dafür gekommen. Wie die kleinen Wolken möchtest du deines Weges ziehen, wie sie, die im Licht schweben. So beginnst auch du, dich zu bewegen, Schritt um Schritt, mit der Zuversicht, dass dein Innerstes den Weg genau kennt. Dein Blick bleibt nach vorn gerichtet, du gehst. Nur deine schweren Schuhe bleiben zurück.

Depression

Roberta: Ich will nicht mehr

Ich lernte Roberta als Angestellte eines Krankenhauses kennen. Sie war groß und wirkte hager und eingefallen. Wir saßen in der Cafeteria und plauderten zunächst recht angeregt, bis die Sprache auf ihren beruflichen Werdegang kam. Roberta war seit mehr als 20 Jahren Krankenschwester und litt seit langer Zeit an Depressionen, eine Krankheit, die in sozialen Berufen besonders häufig anzutreffen ist. Das wusste auch Roberta mittlerweile, nachdem sie von einer Reihe von Ärzten, Psychiatern, Psychotherapeuten und Heilpraktikern mit nur mäßigem Erfolg therapiert worden war.
Dabei unterschied sich Roberta im positiven Sinne von vielen ihrer Mitleidenden dadurch, dass sie es schaffte, zumindest gelegentlich die Initiative gegen die Symptome zu ergreifen. Vielen Depressiven gelingt es phasenweise nicht, irgendetwas zu unternehmen, da ihnen meist die Kraft dazu fehlt. So etwas kannte allerdings auch Roberta. Sie erzählte

mir, dass sie einmal in ihrem Stationszimmer gesessen hatte und den Telefonhörer nicht mehr abheben konnte. Sie hatte es einfach nicht geschafft. Es war ihr peinlich, das zu erzählen, und sie wurde etwas lockerer, als ich ihr erklärte, dass diese Art der Depressionssymptome typisch sei. Sie sprach von unzähligen Malen, als sie daran dachte, ihr Leben zu beenden, aber immer dann, wenn sie es beschlossen hatte, war sie von einer derartigen körperlichen Schwere und Trägheit erfasst worden, dass sie aktiv zu nichts in der Lage war. Ich versuchte, den Anfangspunkt ihres Leidens zu finden, doch Roberta konnte dazu nur sagen, dass ihr eine gewisse Grundmelancholie nie fremd gewesen sei.
Nach einigen Anläufen konnte ich Roberta ermutigen, etwas ausführlicher von den Anfängen ihrer beruflichen Laufbahn zu erzählen. »Ich wollte immer kranken Menschen helfen, für andere da sein, einfach etwas Gutes tun. Und jetzt bin ich oft nicht mal in der Lage, zu einem Patienten hinzugehen, wenn er läutet. In diesen Phasen – vor allem im Nachtdienst – bin ich auch sehr lärmempfindlich. Und manchmal glaube ich, dass ich einen Patienten nur noch aufsuche, weil ich dieses unaufhörliche Geläute nicht aushalte. Ich habe Angst, in diesem Zustand einem Menschen zu schaden. Am liebsten wäre mir, wenn einfach alles vorbei wäre.« Tiefe Furchen zogen sich durch ihr Gesicht. Die Traurigkeit in ihrer höchsten Stufe hatte von ihrem Ausdruck vollständig Besitz ergriffen.
Als Roberta von ihrem Privatleben erzählte, konnte sie viele Parallelen zu ihrem Berufsleben erkennen. Auch hier wollte sie »eine besonders fürsorgliche Mutter«, »eine liebevolle Ehefrau« und eine »immer hilfsbereite Freundin« sein. »Wenn mein Mann von mir etwas möchte, ist es oft so, als ob ein Patient immer und immer wieder läutet.« Bei diesem Satz erschrak Roberta vor sich selbst. Sie entschuldigte sich bei mir für die, wie sie es nannte, verbale Entgleisung. Ich beruhigte sie, so gut ich konnte, und versuchte, ihr Mut zu machen, auch über ihre dunkle Seite zu sprechen. Sie wurde an dieser Stelle sehr emotional und meinte, dass dieser kleine verbale »Ausrutscher« nichts mit ihrer Einstellung zu tun hätte, und man solle dies bitte nicht überbewerten. Es war deutlich spürbar, dass ihr Abwehrmechanismus auf vollen Touren arbeitete. Sie schien kurz davor, das Gespräch abzubrechen, so starke Emotionen kamen hoch. Hier lag eine Menge Energie verborgen, die

ihr im Leben fehlte. Bei einem späteren Gespräch erzählte ich ihr von meinen Depressionsbeobachtungen. So wie jedes Symptom eine tiefere Bedeutung zum Ausdruck bringt – und wer sollte dies besser wissen als eine erfahrene Krankenschwester –, so zwingt die Depression den Betroffenen, sich mit seiner »dunklen Seite« auseinanderzusetzen. Wird diese Aufgabe jedoch aus unterschiedlichen Gründen nicht angenommen, kann die Krankheit bis zum Suizid führen. In Mitteleuropa fordert die Depression mehr als doppelt so viele Tote wie der Straßenverkehr – und dabei ist die Dunkelziffer nicht mit erfasst.
Die dunkle Seite muss aber nicht immer eine Auseinandersetzung mit dem Tod sein, häufig geht es auch um gesellschaftliche Tabus, um Dinge, die im eigenen Inneren Ausdruck finden wollen, von der Gesellschaft aber mit Verboten und negativen Zuschreibungen belegt wurden. Roberta entdeckte auf der Suche nach ihrer dunklen Seite ihren Egoismus. Alles, was mit der Sorge und der Aufmerksamkeit sich selbst gegenüber zu tun hatte, war tief in ihre Schattenseite gewandert und durfte unter keinen Umständen ausgelebt werden. Dafür sorgten eine Reihe von Abwehrmechanismen.
Es war für Roberta eine vorerst schmerzliche Erkenntnis, dass auch sie, die »aufopfernde Krankenschwester«, die »fürsorgliche Mutter« und die »brave Ehefrau« eine starke egoistische Seite hatte. Erst als sie für sich erkannte, dass sie ihre Rollen nur dann mit Freude und ehrlicher Begeisterung ausfüllen konnte, wenn sie zuerst einmal auf ihre eigenen Wünsche und auf ihr eigenes Wohlbefinden achtet, begannen ihre Symptome an Häufigkeit und Intensität zu verlieren. Die nachfolgende Phantasiereise hat ihr Mut gemacht, auf die Tabus in ihrem Leben zu blicken und nach und nach Zuwendung und Liebe für sich selbst zu entwickeln.

Phantasiereise: Die Rosenhecke

Deine Aufmerksamkeit richtet sich auf deine Ohren. Du hörst in die Weite. Du hörst in die Tiefe. Du hörst feiner und genauer als je zuvor. Jede sanfte Schwingung, die dich umgibt. Du hörst weit nach außen. Du hörst tief nach innen. Du hörst deinen Atem. Du spürst seine Kraft, die dir Leben gibt. Du genießt seine sanften Züge. Wie langsam, gleichmäßig und ruhig er dir immer wieder Kraft und Energie zuführt. Du spürst seine Magie. Du folgst dem Weg des Atems. Du spürst die Kraft, Leben aufzunehmen, und folgst dem Sog tief in dich hinein. Jetzt kannst du es symbolisch sehen, wie die Kraft des Lebens in dich eindringt und sich über deinen Rachen, deine Luftröhre in deinen Lungen ausbreitet. Und du siehst, wie der wertvolle Sauerstoff über die Lungen in das Blut gelangt und es erfrischt. Du siehst und spürst die Kraft des Lebens.
Und du folgst in Gedanken der Energie, die in die Blutbahnen gelangt und sie auffüllt mit Lebenskraft. Du reist mit dieser Kraft durch deinen Körper und du siehst, wie alle deine Organe mit frischem Lebenssaft versorgt werden und ihren Dienst mit Freude tun. Mit hohem Tempo setzt du deine Reise fort. Du folgst der Bahn deines Blutes bis in die feinsten Gefäße, die hellrot zu leuchten beginnen. Du folgst weiter ihrem Weg bis an deine äußere Hülle. Du siehst, wie Schicht für Schicht deine Haut durchblutet und erneuert wird. Jetzt durchströmt die Kraft deine Beine und du kannst die sanfte Wärme wahrnehmen. Und du folgst deiner Energie bis in deine Zehen. Du kannst die Wärme jetzt deutlich in deinen Zehen spüren. Sie sind aufgefüllt mit Wärme und voller Lust voranzukommen. Du gehst zurück über deine Füße. Du fühlst die Wärme in deinen Beinen. Und du kannst sehen und spüren, wie jede einzelne Zelle, die von deiner Energie berührt wird, sich zu erneuern beginnt. Und so wanderst du zurück, bis zum Zentrum deines Atems. Alle Belastung hast du mitgenommen und atmest sie jetzt aus. Alle Belastung ist ausgeatmet.
Du saugst langsam und kräftig erneut die Kraft des Lebens bis in deine Mitte. Du wirst ruhiger und ruhiger und deine Aufmerksamkeit richtet sich ganz nach innen. Tief in dir kannst du nun eine Stimme hören. Diese Stimme ist dir wohlvertraut. Vielleicht hast du sie schon lange nicht mehr gehört, doch du kennst sie genau. Du hörst sie aus der Tiefe. Aus deiner innersten Tiefe. Es ist nun Zeit, sich auf den Weg zu machen und ihr entgegenzugehen. Und du siehst dich jetzt sehr deutlich, wie du losziehst zu deiner inneren Stimme. Du folgst einfach in aller Ruhe ihrem

Klang. Und der Weg führt dich wie von unsichtbarer Hand getragen auf eine Wiese, die dir bekannt vorkommt.
Du kennst diese Gegend sehr genau, doch du warst schon sehr lange nicht mehr hier. Das Klima ist mild und es weht ein sanfter Wind. Du siehst Bäume und Sträucher. Du siehst kleine weiße Wolken am Himmel ziehen. Sie kommen und sie ziehen weiter. Wieder hörst du deine innere Stimme. Jetzt schon wesentlich deutlicher. Du gehst weiter und tiefer in dich hinein. Immer weiter und weiter. Du spürst jeden Grashalm unter deinen Füßen. Jetzt kannst du deutlich deine innere Stimme hören. Sie ist dir ganz nahe. Es ist wie ein sanftes Schluchzen. Du spürst, wie vertraut sie dir ist.
Du schaust nach vorn und erblickst plötzlich eine große dürre Hecke vor dir. Es ist, als ob das leise Schluchzen seinen Ursprung hinter dieser Hecke hat. Du gehst näher heran und siehst, wie dicht die Hecke ist. Du gehst an ihr entlang, um eine Lücke zu finden. Du gehst weiter und siehst, dass diese Hecke einen Kreis bildet. Wieder hörst du das leise Schluchzen. Du beschließt, die Hecke unbedingt zu überwinden, und gehst weiter, bis du an deinem Ausgangspunkt angelangt bist. Du siehst dich mit leicht gegrätschten Beinen vor dieser Hecke stehen. Wie von einer inneren Kraft gelenkt blickst du zum Himmel hinauf. Es ist dir, als ob dein konzentrierter Blick die Wolken zur Seite schieben könnte, die der Sonne den Blick verstellen.
Du breitest deine Arme weit aus und blickst direkt in das Licht der Sonne. Es scheint dir, als ob der Himmel sich öffnet und, wie aus einem großen Krug, eine goldgelbe Masse ausgießt. Du siehst diese flüssige Masse, wie aus Sonnenstrahlen gemacht, direkt auf dich zukommen. Sie kommt langsam und gleichmäßig auf dich zu und bleibt knapp über deinem Kopf stehen. Du betrachtest sie mit ganzer Aufmerksamkeit. Nun scheint sich die Sonnenstrahlenmasse über deinem Kopf zu formen. Und du folgst den Formen. Du erkennst kunstvolle Verzierungen. Am unteren Teil der Strahlenmasse, direkt über deinem Kopf, scheint sich so etwas wie ein Griff zu bilden, wie für deine Hand gemacht. Der Griff lädt dich freundlich ein, ihn zu ergreifen. Langsam und erwartungsvoll greift deine rechte Hand nach dem Lichtgriff. Er fühlt sich angenehm und warm an. Du siehst zu, wie sich eine Art Ring um deine Handfläche bildet. Du ziehst nun vorsichtig an dem Griff und spürst, wie er nachgibt. Du ziehst kräftiger, bis du ihn ganz herausgezogen hast und erkennst, dass es ein Schwert ist. Ein Schwert des Lichts, das in seiner mächtigen Größe vor dir leuchtet. Und die Kraft des Lichts dringt tief in dich ein. Du kannst seine unendliche Macht in dir spüren. Und du spürst, wie die Kraft der Erkenntnis dich erleuchtet.

Du siehst die Hecke an. Du erkennst, dass sie mit Angst gedüngt wurde. Du beschließt, dir mit dem Schwert des Lichts einen Weg durch die Hecke der Angst zu bahnen. Du gehst nun auf die Hecke zu, nimmst das Schwert in beide Hände und holst aus zu einem kräftigen Hieb. Du schwingst das Schwert über deinem Kopf und lenkst es mit deiner ganzen Kraft auf die Hecke. Noch bevor dein Schwert des Lichts die Hecke berührt, weicht diese dem Hieb aus. In tiefer Bewunderung siehst du in das Licht des Schwertes.
Du nimmst es wieder in beide Hände und hältst es aufrecht vor deinem Gesicht. Du gehst direkt auf die Hecke zu und sie gibt dir den Weg frei. Die Hecke ist dicht verwachsen, doch wohin dein Lichtschwert leuchtet, entwirren sich die Verästelungen und öffnen einen Weg durch das Gestrüpp. Nach und nach weichen alle Hindernisse und du stehst auf einer grünen Wiese. Darauf steht ein Haus aus solidem Holz. Auf der Terrasse siehst du ein kleines Kind mit angewinkelten Beinen sitzen. Du hörst es schluchzen. Du gehst ruhig und gleichmäßig auf das Kind zu, doch es blickt nicht zu dir auf. Du bückst dich zu ihm hinunter und streichst ihm sanft durchs Haar. Dabei spürst du die Nähe zwischen dir und dem Kind. Es blickt zu dir auf und du erkennst es wieder. Du wischst ihm die Tränen fort und nimmst es fest in die Arme. »Jetzt ist alles gut«, sagst du sanft und lächelst dabei. Du schließt es tief in dein Herz.
Jetzt nimmst du es an der Hand und ihr wandert zum Brunnen, der mitten im Garten steht. Ihr seht beide hinein und seht, dass das Wasser trüb und morastig ist. Du greifst nach deinem Lichtschwert und hältst es gegen den Himmel. Ein Lächeln zaubert sich in dein Gesicht. Dann steckst du das Schwert des Lichts in das Wasser des Brunnens. Sogleich breitet sich das Licht über das Wasser aus und macht es klarer und klarer. Es ist, als ob das ganze Wasser mit der Liebe des Lichts gefüllt wird. Ihr könnt nun euer beider Spiegelbild in dem Brunnen erkennen. Ihr könnt sehen, wie ähnlich ihr euch seid. Ihr seht euch zuerst im Spiegel an, dann dreht ihr die Köpfe zueinander und lacht aus vollem Herzen.
Du siehst dich, wie du ein kübelartiges Gefäß in die Hand nimmst und damit Wasser aus dem Brunnen schöpfst. Die Hecke soll von nun an mit der Kraft der Liebe gedüngt werden, denkst du und gießt das klare Wasser an den Rand der Hecke. Du bist voller Freude und siehst wie in Zeitraffer, wie sich direkt vor deinen Augen eine kleine Knospe bildet. Du läufst begeistert erneut zum Brunnen, um noch mehr Wasser zu holen. Du gießt es wieder an den Rand der Hecke und siehst, wie genau vor dir die Knospe aufspringt und sich zu einer tiefroten samtigen Rose weiterentwickelt. Du siehst Blatt für Blatt aufgehen zu einem Ausdruck von Hingabe und

Liebe. Das Kind nimmt nun auch ein Gefäß und gemeinsam tränkt ihr die Hecke mit Wasser. Ihr könnt sehen, wie rund um euch immer mehr Knospen aufspringen und zu wunderschönen Rosen aufblühen. Wie in einem roten Meer der Liebe springt eine Rose nach der anderen auf. Und mit jeder Rose, die aufblüht, blühst auch du innerlich auf. Tiefe Erkenntnis vom Prinzip der Liebe erfüllt dich. Du empfindest vollkommene Zufriedenheit und Freude in dir. Du nimmst dein inneres Kind bei den Händen und ihr dreht euch im Kreis. Dabei könnt ihr sehen, wie eure Gesichter mit einem Lächeln aufblühen wie Rosen der Liebe.
Und ihr dreht euch mehr und mehr im Kreis und immer lauter wird euer Lachen. Jetzt ist euer Herz erfüllt von Hingabe und Liebe und ihr fallt euch in die Arme. Ihr beschließt nun, für jetzt und alle Zeit über die innere Stimme in Verbindung zu bleiben. Verbunden durch die Kraft des Lichts und der Liebe. Ihr beschließt, euch hier im Rosengarten, wann immer ihr es wollt, wieder zu treffen. Ihr nehmt euch noch einmal fest in den Arm, dann machst du dich auf den Weg. Getragen von der Zuversicht, die du erfahren hast, gehst du langsam und gleichmäßig zurück bis zu deiner eigenen Mitte. Die Mitte, in der das Zentrum deines Atems liegt, den du nun wieder in aller Ruhe wahrnimmst. Auch alle guten Gefühle hast du mitgenommen, und vor allem die Gewissheit, dass du, wann immer du es willst, deiner inneren Stimme folgen und in diesen wundervollen Garten der Liebe zurückkehren kannst.

Wegweiser

in ein erfülltes Leben

Leben heißt Lernen

Alle Lebenssituationen unterliegen mehr oder weniger gut sichtbar den gleichen Gesetzmäßigkeiten. Werden diese nicht beachtet, so formt das Schicksal eine Lernaufgabe oder Herausforderung, die uns in unterschiedlichen Färbungen so lange begegnet, bis wir das Gesetz verstanden haben. Dies kann bis ans Ende unserer Tage passieren. Wie wir gesehen haben, neigen wir Menschen dazu, Muster zu erlernen, um auf alle möglichen Lebenssituationen besser und schneller reagieren zu können. Das ist zunächst einmal sehr praktisch und hilfreich. Jedoch werden die erlernten Muster oft auch dann noch eingesetzt, wenn schon bewiesen ist, dass sie nicht mehr funktionieren. Dann treten größere Probleme oder vielmehr Herausforderungen ins Leben, ich nenne sie meist Lebensaufgaben.

Grundlegende Prinzipien des Lebens

Die nachfolgenden Lebensprinzipien, die ich Ihnen gern mit auf den Weg geben möchte, stehen grundsätzlich für sich allein. In einer Krise, in Anbetracht einer großen Lebensaufgabe kann man davon ausgehen, dass mehrere dieser Prinzipien nicht beachtet wurden.

Wer beispielsweise ein starres Weltbild zeigt, missachtet das Prinzip der Veränderung. Es kommt zu einem inneren und meist auch zu einem äußeren Stau irgendeiner Art. Um ihn aufzulösen, müssen Wege gefunden werden, die den Betreffenden zurück in den Fluss des Lebens führen. Dabei ist dann zumeist auch ein intensives Loslassen erforderlich. Die im Folgenden aufgelisteten Gesetzmäßigkeiten sind eine Auswahl aus dem großen Reigen der Gesetze des Lebens. Unsere Lebensmuster und Gewohnheiten widersprechen ihnen oftmals. Ich möchte Ihnen daher empfehlen, sich beim Lesen ganz bewusst immer wieder zu fragen, wie es in Ihrem Leben mit dem jeweiligen Gesetz aussieht. Öffnen Sie an dieser Stelle besonders Ihr Herz, um diese Grundsätze mit ganzer Hingabe aufnehmen zu können. Fühlen Sie beim Lesen der einen oder anderen Gesetzmäßigkeit starke Widerstände, scheint hier Ihre ganz persönliche aktuelle Lebensaufgabe verborgen zu sein. Dann sollten Sie sich in der nächsten Zeit vielleicht verstärkt dieser Thematik zuwenden.

Das Prinzip der Veränderung

Das einzige Beständige im Leben
ist die Veränderung.
Alte östliche Weisheit

Das Leben ist vergleichbar mit einem Fluss, der manchmal ruhig vor sich hin plätschert, ein anderes Mal mit zorniger Wut in die Tiefe stürzt und alles mit sich reißt, nur um bald darauf als breiter langsamer, aber nicht aufzuhaltender Strom dahinzuziehen. Alles ist immer in Bewegung. Alle Pflanzen, alle Tiere, alle Menschen sind ständig in Bewegung. Denken Sie daran, wie es vor einem Jahr war – heute ist alles anders. Oder erinnern Sie sich an eine Grippe, die Sie für eine Zeit ins Bett gezwungen hatte: Während Sie da lagen, erschien Ihnen dieser Zustand vielleicht wie die Ewigkeit, Sie waren matt und enttäuscht darüber. Doch es ging vorüber, Sie wurden wieder gesund. Selbst Ihre Gefühle und Stimmungen eines Tages sind nicht immer die gleichen. Wenn Sie sie mal über ein paar Stunden hinweg aufmerksam verfolgen, werden Sie das bemerken.

Insbesondere im Hinblick auf unser so geliebtes Eigentum lässt sich daraus schließen, dass uns nichts Äußeres wirklich auf Dauer gehört, alles wechselt im Laufe der Zeit den Besitzer. Mag dies manche anfangs noch ein wenig erschrecken, so birgt es doch bei näherer Betrachtung reichlich Segen in sich. Denn alles, was Ihnen jetzt gehört, hat vorher jemand anderem gehört und wird auch früher oder später wieder jemand anderem gehören. So betrachtet kann man jeden Besitz eigentlich als Leihgabe betrachten. Dadurch eröffnet sich die Möglichkeit, die Dinge, die wir besitzen, dankbar als geliehen zu betrachten und sie einfach durch unser Leben hindurchfließen zu sehen. Wir brauchen – und können – nichts festhalten.

Wie viel Kraft wird oft aufgewandt, um materielle Dinge, aber auch angenehme Stimmungen festzuhalten, obwohl von vornherein klar ist, dass sie wie Boote auf dem Fluss weiterziehen werden. Wäre es da nicht viel entspannter, die Dinge ziehen zu lassen? So schaffen Sie Platz für Neues, das möglicherweise für Ihre Augen jetzt noch nicht sichtbar ist.

Wer stets offen für das Neue ist, wird viele wunderbare Überraschungen erleben. Es kann schließlich immer noch besser kommen. Sicher ist nur eines: Nichts bleibt, wie es war.

Das Prinzip von Aussaat und Ernte

Was wir denken, hat einen direkten Einfluss auf unser Leben. Zudem vermehrt sich das, was wir denken, in unserem Umfeld. Denn schließlich kann man nur das ernten, was man ausgesät hat. Waren es Rübensamen, werden wir Rüben ernten; es lohnt nicht, traurig oder wütend zu werden, wenn keine Sonnenblumen oder Apfelbäume daraus hervorgehen.

Reich denken, Reichtum ernten

Wenn wir über Aussaat und Vermehrung nachdenken, sollten wir die betrachten, die unentwegt reiche Früchte einbringen: die Reichen. Was allen Wohlhabenden gemeinsam ist, ist der Gedanke an Reichtum. Kein Reicher denkt: »Ich bin arm, aber dafür anständig« oder »Es ist schlimm, keiner schenkt mir was.« Ein Millionär hat auch schon zu dem Zeitpunkt, als er noch keiner war, in »großen Zügen« gedacht. Er hat etwas unternommen, er hat die Samen ausgebracht, die reiche Ernte bringen. Auf ähnliche Weise glauben auch die Erfolgreichen an den eigenen Erfolg – und mehren ihn auf diese Art.

Sobald ein Mangel in unserem Leben auftaucht, sei es an Geld oder an Erfolg oder auch an Liebe, sollten wir untersuchen, ob das Prinzip der Aussaat eingehalten wurde: Haben wir die richtigen Samen auf das Feld gebracht? Haben wir also die richtigen Gedanken, Gedanken der Fülle und des Gedeihens, in unserem Kopf? Haben wir zudem die nötige Geduld aufgebracht, die Samen aufgehen und die Pflänzchen wachsen zu lassen? Wenn dies geschehen ist, können wir reichlich ernten. Und dann beginnt der Kreislauf von vorn.

Die folgende Geschichte erzählt von einem Menschen, der das Gesetz von Aussaat und Ernte eigentlich kennen sollte: ein Bauer. Aber gerade, wenn man mit seiner Nase ganz nah dran ist, erkennt man oft nicht die tiefere Dimension des eigenen Handelns.

Vor vielen, vielen Jahren lebte in einem fernen Land ein armer Bauer. Er stand mit den Hühnern auf und ging erst spätnachts zu Bett. So viel er auch arbeitete, es schien seine Armut eher noch zu vergrößern. Schließlich wusste er sich keinen Rat mehr und beschloss, die Hälfte seines Feldes zu verkaufen. Als er nachts erschöpft von seinem Tagwerk zu Bett ging, versank er in einen tiefen Schlaf. Er sah sich im Traum am Himmel über den Wolken mit einem großen hellen Wagen fahren. Der Wagen hielt an und er sah sich, wie er ausstieg. Er griff in seinen Hosensack und fand darin Staub aus purem Gold. Ein Gefühl der Leichtigkeit umgab sein Herz und er lächelte. Dann streute er den Goldstaub auf die Wolken. Sofort begannen Bäume aus purem Gold zu wachsen. Der Bauer streute noch mehr Goldstaub aus und es wuchsen immer mehr Bäume und schon bald trugen sie Früchte. Früchte aus purem Gold. Der Bauer nahm eine Frucht vom Baum und brach sie entzwei, eine große Wolke von Goldstaub umgab seine Hände. Eine einzige Frucht hatte mehr Goldstaub in sich, als er insgesamt bei der ersten Aussaat gehabt hatte.
Als der Bauer aufwachte, hatte er noch immer das Lächeln in seinem Gesicht. Er stand auf und setzte sich vor sein Haus, um der Sonne auf ihrem morgendlichen Weg zuzusehen. Er beschloss, frische gute Gedanken auszusäen, die reichlich Ernte in sein Leben bringen würden.
Geht es uns nicht auch manchmal wie diesem Bauern? Wusste er über Aussaat, Vermehrung und Ernte Bescheid? Sicherlich! Trotzdem hatte er ständig an Not und Armut gedacht – sie hatte er ausgesät und wie es nicht anders zu erwarten ist, reichlich Not und Armut geerntet. Wer Wind sät, der erntet Sturm, wer Armut sät, der erntet Not. Das ist ein Lebensprinzip! Was Sie aussäen, das ernten Sie vielfach, und dies nicht nur auf materieller Ebene.

Gedanken sind die machtvollsten Samen

Auf zwischenmenschlicher Ebene wusste das der Volksmund immer schon: Wie man in den Wald hineinruft, so schallt es zurück, oftmals auch vermehrt wegen eines Echos. Es ist ein Prinzip, das wir überall finden. Und es lohnt sich, es im Leben anzuwenden: Denken Sie sich jeden Tag reich, und früher oder später lässt Sie Ihr Unterbewusstsein Dinge wahrnehmen, die Sie vorher einfach nicht sehen konnten. Vielleicht lernen Sie Leute kennen, die schon unzählige Male Ihren Weg gekreuzt haben und die Ihnen dann plötzlich auffallen. Vielleicht ergeben sich Begegnungen, die etwas in Ihrem und dem Leben der anderen voranbringen. Lassen Sie sich auf das Experiment ein. Aber keine falsche Bescheidenheit, denken Sie sich richtig reich, schön, glücklich – was auch immer Sie in Ihrem Leben wollen. Tun Sie es jeden Tag für ein paar Minuten, vielleicht vor dem Schlafengehen, wenn sich langsam die Tore zum Unterbewusstsein öffnen. Säen Sie jeden Tag Gedanken der Schönheit auf Ihr Feld des inneren Wachstums und seien Sie schon von Beginn an dankbar für die reiche Ernte, die Ihnen ins Haus steht.

Alles, was der Mensch auf dieser Welt geschaffen hat, hat er sich vorher ausgedacht. Den Buchdruck gleichermaßen wie den Stromanschluss für alle Haushalte oder ein tonnenschweres Eisengestell, das mit Menschen und Waren an Bord über die Ozeane fliegt. Und so ist es auch bei jedem Einzelnen: Alles, was Sie sich vorstellen können, können Sie auch erreichen. Wenn Zweifel in Ihnen aufkommen, zeigt dies nur, dass dieser Platz in Ihrer Innenwelt mit alten Gedanken besetzt ist. Aber Sie haben eine sehr wirksame Waffe gegen diese bösen Zweifel zur Verfügung: Zweifeln Sie doch an Ihren Zweifeln! Sie brauchen ihnen nicht Recht geben, wie es auch der Bauer in der kleinen Geschichte nicht tat. Säen Sie gute Gedanken, angereichert mit guten Gefühlen, auf dem Feld der Zuversicht aus und Sie werden ernten, was Sie gesät haben. Und das im Übermaß.

Das Prinzip des Überflusses

Hier kommt die endgültige Absage an die Sparer. Ja, wieder geht für den einen oder anderen eine Tugend über Bord. Aber das Leben zeigt uns einfach etwas anderes: das Prinzip des Überflusses. Um Ihr individuelles Leben mit all seiner facettenreichen Schönheit sicherzustellen, wurden Millionen von Samenzellen auf den Weg geschickt, damit eine die vorbereitete Eizelle befruchten konnte. Es scheint, als ob der höchste Grad der Individualität – so jemand wie Sie – nur durch Überfluss zu erreichen ist. Von der Natur wird jedem von uns eine ungeheure Wichtigkeit, ein großer Wert zugeschrieben. Dieses Prinzip des Überflusses finden wir überall wieder.

Überfluss in der Wirtschaft

Lauschen wir den Tagesnachrichten und hören von einer großen Kaufbereitschaft der Endverbraucher, wissen wir, dass es einen wirtschaftlichen Aufschwung gibt: Geld wird im Überfluss ausgegeben, Güter werden in großer Menge produziert, viele Arbeitskräfte werden gebraucht. Alles scheint dadurch in Bewegung zu geraten. »Es geht mit unserer Wirtschaft bergauf ...«

Wird hingegen gespart, liegt das Geld irgendwo regungslos herum, vielleicht in einem Sparstrumpf. Dann gibt es weniger Wirtschaftsgüter und weniger Beschäftigte. Ganz ähnlich verhält es sich, wenn zu viel Geld in den Austausch von Wertpapieren fließt. Hier verliert es die Kraft, die es in sich trägt. Daher ist das Ausgeben von Geld, die Umwandlung des Geldes in Wirtschaftsgüter oder Leistungen, sehr gesund. Energie muss fließen und Geld ist eine Ausdrucksform von Energie.

Geld muss fließen

Ein sehr wohlhabender Freund sagte mir einmal: »Du musst das Geld so lange zum Fenster hinauswerfen, bis es zur Tür wieder hereinkommt.« Das klingt erstaunlich, ist aber wahr. Ich beobachtete daraufhin über längere Zeit meine Freunde und Bekannten und deren Einstellungen zum Thema Geld. Es sollte sich bald herausstellen, dass sie sich grob in zwei Gruppen einteilen ließen: die einen, die meinem wohlhabenden Freund sehr ähnlich waren, und die anderen, die einen wahren Horror vor jedem Monatsbeginn hatten, da dann so viele Rechnungen zu bezahlen sind. Die Menschen der ersten Gruppe machten den Eindruck, als wären sie förmlich dankbar für jede Rechnung, die sie bekommen. Sie bezahlten sie mit dem Gefühl von: »Schön, dass ich mir das leisten kann.« Bei den anderen schien die etwas verkrampfte Einstellung zum Geld dazu zu führen, dass Geld bei ihnen auch wirklich immer knapp war.

Um an Wohlstand zu gelangen, muss man Wohlstand zulassen, Wohlstand denken und im Sinne des Wohlstands handeln. Vor allem darf man den Fluss des Lebens nicht unterbrechen wollen. Lassen Sie das Geld durch Ihr Leben fließen und halten Sie es nicht zurück. Der Fluss wird dort am stärksten fließen, wo er den geringsten Widerstand vorfindet. Vielleicht beginnen Sie damit, Ihre Rechnungen mit Freude zu begleichen. Sagen Sie sich bei jeder Rechnung: »Ich freue mich, dass ich mir das leisten kann.« Vielleicht können Sie dann auch Freude für den Empfänger des Geldes aufbringen und sagen: »Ich freue mich auch, dass jemand davon leben kann.« Eine noch kräftigere Form der Verstärkung ist die Dankbarkeit für die Waren und Dienstleistungen, die Sie genießen können. Ist es nicht wunderbar, dass uns das alles zuteil wird?

Auch Liebe will sich reichlich verströmen

Nicht nur im bunten Wirtschaftstreiben zeigt sich das Prinzip des Überflusses. Wie ist es mit der Liebe und dem Geliebtwerden? Möchten Sie von einem Sparer geliebt werden? Das könnte eine Zeit der Unterkühlung werden, oder? Wie wäre es alternativ dazu mit Liebe im Überfluss? Ein Vollbad in der Geborgenheit, sich wiegen in Vertrautheit, sich in seinem ganzen menschlichen So-Sein angenommen fühlen. Wie wäre es, im Überfluss zu geben und im Überfluss zu bekommen?

Ich denke, es gibt niemanden, der von diesen Dingen nur die Probepackung will, wenn er auch den Überfluss erleben kann. Das Leben gibt Ihnen keine Probepackungen. Es gibt Ihnen Überfluss. Vielleicht ist das der Grund, warum es manchmal auch so viel von Ihnen zu verlangen scheint. Geben bedingt offensichtlich auch Nehmen. Geben Sie also reichlich, um reichlich zu erhalten.

Das Prinzip des Hier und Jetzt

Wer kennt sie nicht, die Versklavung, die uns die Zeit aufbürdet? Im Alltag sind es Termine, die einzuhalten sind, Geschäfte, die vielleicht schon geschlossen sind, in denen wir aber unbedingt noch etwas einkaufen wollen, verpasste S-Bahnen, die uns zum Warten zwingen. In den Lebensrhythmen sind es die jungen Leute, die endlich erwachsen, und die Erwachsenen, die noch einmal jung sein wollen.

Die Zeit aufheben

Zwei Drittel seiner Zeit verbringt der Mensch mehr oder weniger bewusst, ein Drittel in etwa unbewusst. Im Hinblick auf die Zeit scheint sich im Übergang zwischen Tages- und Nachtbewusstsein einiges zu verändern. Die Zeit als solche scheint dann weitgehend aufgelöst. Zwar kann man ohne weiteres von einer Uhr, vielleicht sogar von einer stehengebliebenen Uhr träumen, aber das hat nur wenig mit dem Zeitbegriff, der im Tagesbewusstsein vorherrscht, zu tun. Im Tagesbewusstsein können wir uns auch nur schwer etwas vorstellen, das nicht an Zeit und Raum gebunden ist. Dies hängt mit der eingeschränkten Wahrnehmungsfähigkeit dieses Bewusstseins zusammen.

Die Einschränkung fußt im Wesentlichen darauf, dass das Tagesbewusstsein im Bereich des Verstandes die Dinge erst zerlegen muss, um sie verstehen zu können. Der Verstand kann nur sehr schwer »gleichzeitig« zwei Zustände erfassen. Damit er das schafft, benötigt er die Zeit, um Dinge, die gleichzeitig stattfinden, hintereinander zu ordnen. Ein Beispiel zum besseren Verständnis: Denken Sie sich eine Ein-Euro-Münze, bei der die Zahl nach oben zeigt. Denken Sie sich diese Münze nun von der Rückseite. Da wir wissen, dass diese Realität tatsächlich gleichzeitig stattfindet, müssten wir sie uns auch gleichzeitig denken können. Es ist aber schwierig. Im Nachtbewusstsein schaffen wir es leichter. Hier können wir beispielsweise zur gleichen Zeit vor dem Eingang und vor dem Ausgang stehen. So hat auch eine Realität in ihrer Ganzheit gleichzeitig beide Seiten. Ein- und Ausgang.

In der Meditation kann es gelingen, den Zeitbegriff komplett aufzuheben. In der Hypnose beziehungsweise in Trance ist es ebenso. Durch die Aufhebung der Zeit sind erweiterte Wahrnehmungen möglich, die zu einer Bewusstseinserweiterung führen. Und genau diesen Effekt nutzen ja auch die Phantasiereisen.

Vergangenheit, Zukunft – oder Jetzt?

Wie viel Macht hat der Säbel der Zeit wirklich? Im Tagesbewusstsein werden häufig Gedanken gewälzt, die mit der Zukunft und/oder mit der Vergangenheit in Verbindung stehen. Wie sinnvoll aber ist das?

Die Vergangenheit ist gelaufen, das steht fest. Sie ist unabänderlich vorbei. Es lohnt also eigentlich nicht, besonders viel Energie in diese Richtung zu investieren. Gedanken wie »Hätte ich nicht so eine schlimme Kindheit gehabt …« oder »Wenn ich damals die Ausbildung zu Ende gemacht hätte, dann …« oder »Wenn ich nochmals wählen könnte, würde ich ein Studium beginnen ...« sollten also Zutrittsverbot in Ihre Gedankenwelt haben. Oder noch besser: Betrachten Sie sie mit Liebe und Verständnis und lassen Sie sie weiterziehen.

Wie ist es mit Gedanken an die Zukunft? Sehen Sie vielleicht die nächste Wirtschaftsflaute, Arbeitslosenwelle und/oder Naturkatastrophe unabwendbar auf Sie zukommen? Auch diese Gedanken sind verschwendete Energie. Die Zukunft ist das, was wir aus der Gegenwart machen. Nicht mehr und nicht weniger. Also könnte unser Resümee sein, dass der einzige Zeitraum, in den unsere Energie fließen sollte, genau jetzt stattfindet.

Wann verändert man sein Leben?

Machen Sie in Gedanken drei Schritte zurück, betrachten Sie Ihr Leben und vor allem den Zeitraum, den Sie beeinflussen können. Richtig, es ist einzig und allein das Jetzt. Jetzt und nur jetzt können Sie Ihrem Leben Gestalt, vielleicht sogar eine neue Gestalt geben. Es nützt rein gar nichts, sich vor der Zukunft zu fürchten. Nehmen Sie die Gegenwart an, dann haben Sie eine tolle Zukunft. Am besten ist es, Dinge, die Ihnen wichtig sind, jetzt zu tun. Sollten Gedanken kommen, die Sie mit Zukunfts- oder Vergangenheitsängsten und -sorgen überhäufen, betrachten Sie sie liebevoll und kehren Sie mit Ihrer Konzentration zur Gegenwart zurück. Seien Sie auf keinen Fall böse, wenn es nicht gleich klappt. Das Einzige, was dabei wichtig ist, ist, dass Sie zu Ihrem Ziel, der Gegenwart, immer wieder zurückkehren.

Eine kleine Übung hat mir dabei sehr geholfen: Nehmen Sie sich eine Eieruhr oder etwas Ähnliches und stellen Sie diese auf eine Minute ein. Sie sollte ein nicht allzu lautes Geräusch von sich geben, wenn die Zeit abgelaufen ist. Ziehen Sie sich an einen ungestörten Platz zurück und nehmen Sie eine bequeme Haltung ein. Sie können liegen oder sitzen, vielleicht in der so genannten Kutscherhaltung (siehe Seite 54), weil dabei zumeist der höchste Grad an Entspannung erreicht wird.

Nehmen Sie nun ein paar bewusste Atemzüge, um ruhig zu werden. Schließen Sie die Augen und konzentrieren Sie sich ganz auf Ihren Atem, versuchen Sie mit Ihrer Aufmerksamkeit genau dort zu sein, wo Sie den Atem am besten spüren. Sagen Sie sich laut oder in Gedanken vor: »Ich richte meine Aufmerksamkeit auf meinen Atem.« Wenn das

Signal ertönt, ist die Übung beendet. Wenn Gedanken in Ihnen aufsteigen, wie zum Beispiel: »Es juckt mich am Rücken ...«, »Ich weiß nicht, was ich morgen kochen soll ...« oder »Ob Anita böse auf mich ist?«, lassen Sie sie ruhig zu. Wenn Sie bemerken, dass Ihre Gedanken Sie abgelenkt haben, gehen Sie ohne Anstrengung wieder zurück zu Ihrem Atem. Es ist also gar nicht viel zu beachten: Bei Ablenkung zurück zum Ausgangspunkt, ohne Anstrengung. Und machen Sie sich keine Vorwürfe, wenn es nicht klappt. Sie können bei dieser Übung nur alles richtig machen.

Wenn dies eine Minute lang klappt, können Sie auf zwei Minuten erhöhen. Sie können den Zeitrahmen bis zu 15 Minuten ausbauen, wenn Sie wollen, auch darüber hinaus. Sie werden erstaunt sein, wie viele aufregende und positive Erlebnisse und Erfahrungen Sie mit dieser simplen Übung sammeln können. Sie lässt Sie teilhaben am Hier und Jetzt, dem Platz, an dem das Leben stattfindet.

Das Prinzip der Vergebung

Wären eure Sünden auch rot wie Scharlach,
sie sollen weiß werden wie Schnee.
Jesaja 1,18

Dieser Bibelspruch hat leider nicht annähernd den Bekanntheitsgrad wie die Geschichten rund um Erbsünde und Fegefeuer. Das Buch der Bücher, die Bibel, ist voll von Hinweisen rund um das große Thema der Vergebung. Bei genauerem Hinsehen ist dies auch leicht nachvollziehbar, denn im Lebensfluss kommt der Wiedergutmachung eine wesentliche und bedeutende Rolle zu. Jede Art der Verletzung wird in der Natur durch die Heilung mehr oder minder von selbst »vergeben«. Betrachten wir zum Beispiel eine körperliche Verletzung, eine Schnittwunde. Kaum ist die Verletzung passiert, beginnt unser Körper die Stelle zu heilen. Wir müssen dazu nicht viel tun. Nach kurzer Zeit ist von der Wunde nichts mehr zu sehen. Alle Zellen sind erneuert und das Leben kann ungetrübt fortgesetzt werden. Bei einem solchen Heilungsprozess gibt es keinerlei Verurteilung, es wird kein Schuldiger gesucht, es gibt keinen Angeklagten und auch keine Strafe. Um es wiedergutzumachen, gibt es nur die Akzeptanz der Wunde an sich, ohne Wertung, und die Heilung, die Vergebung.

Auf emotionaler Ebene heilen

Vergleichbares finden wir auch in unserem Miteinander und in Bezug auf die emotionalen Verletzungen. Auch dort könnte immer sofort der Heilvorgang einsetzen, sobald die Verletzung geschehen ist. Es geht aber nach dem Prinzip der Vergebung auch mit länger zurückliegenden Situationen: Wenn uns jemand verletzt, beleidigt, gekränkt, gedemütigt oder bloßgestellt hat, könnten wir dies annehmen, wie es ist, ohne es zu werten. Vielleicht spüren wir auch noch die Empfindungen aus der Situation. Auch diese akzeptieren wir, ohne sie zu werten. Sie sind einfach da. Es ist uns auch völlig klar, dass unser Bild des damaligen Auslösers Teil der Vergangenheit ist.
Nun gehen wir gedanklich drei Schritte zurück und betrachten in aller Ruhe das Bild der Erinnerungen und die damaligen Empfindungen. Wenn wir sie damals gespürt haben und vielleicht auch jetzt noch spüren, können wir leicht feststellen, dass es sich um unsere eigenen Gefühle handelt. Dies bedeutet allerdings, dass diese Gefühle in uns, vielleicht tief verborgen, vorhanden waren oder dies auch noch sind. Es wurde durch die Handlung oder Äußerung eines anderen ausgelöst, dass wir sie wieder spüren. Jemand kann durch das Betätigen eines Lichtschalters den Raum erhellen, er ist aber nicht das Licht. Ebenso haben unsere Gefühle nur wenig mit dem Auslöser zu tun. Bedeutet dies, dass alle Kränkung, Wut und Trauer direkt mit uns selbst zu tun haben und dass diese Empfindungen durch äußere Erscheinungen nur wahrnehmbar gemacht werden? Ich denke schon.
Stellen wir uns dazu einen buddhistischen Mönch vor, der in vollkommener Gelassenheit vor uns steht. Sein Gesicht spiegelt seine innere, tief empfundene Ruhe wider und sein ganzes Wesen strahlt pure Harmonie aus. Wir bitten ihn, in unsere Vorstellung, in unser inneres Bild einer Verletzung an unserer Statt einzutreten. Er nimmt diesen Auftrag mit einem sanften Lächeln an. Wir wissen an dieser Stelle genau, dass unser Mönch seine eigenen Empfindungen hat, und wir sehen nun das Bild in einer neuen Fassung, mit einem anderen Hauptdarsteller.

Betrachten wir dieses Bild in aller Ruhe. Wir sehen, dass es sich anders färbt, die Situation, die uns verletzte, wird plötzlich anders betrachtet. Es wird Vergebung möglich.

Eigenverantwortung

Können wir daraus den Schluss ziehen, dass jeder Konflikt, jede Wut, jede Kränkung mit uns allein zu tun hat? Sollten wir am Ende noch Dankbarkeit für unseren Kontrahenten empfinden, der uns auf so grausame Weise unsere eigenen Unzulänglichkeiten vor Augen führt? Zugegeben, wenn so große Mengen an innerer Energie freigesetzt werden wie bei Wut, Hass oder Eifersucht, ist das nicht allzu leicht. Aber wir wissen aus der eigenen Lebenserfahrung, dass sich jede auch noch so intensive emotionale Situation auch wieder beruhigt. Manchmal ist es gut, ein- oder zweimal darüber zu schlafen, ehe man sich die Situation nochmals vor das geistige Auge ruft.

Danach haben wir die Möglichkeit, unsere Gefühle ohne Wertung zu betrachten. Sie sind ein Teil unserer Persönlichkeit, aber eben nur ein Teil, und deshalb sollten wir unseren Emotionen nicht die Alleinherrschaft überlassen. Wir betrachten sie einfach in aller Ruhe und akzeptieren sie, so wie sie sind. Dann kann Heilung geschehen: für unsere Wunde und für unseren Blick auf den Auslöser der unangenehmen Gefühle.

Sich selbst vergeben

Auch mit Vergangenem, in dem wir selbst die Verletzenden waren, können wir so umgehen: Holen wir zuerst das Bild der Situation in unser Bewusstsein und betrachten es in aller Ruhe. Versuchen wir auch hier, die Gefühle wahrzunehmen, die uns zu diesem Geschehen geführt haben. Vielleicht spüren wir diese bis zum heutigen Tag nachwirken. Wir wissen aber, dass auch diese Lebenssituation in der Vergangenheit liegt und mit der Realität von heute nichts mehr zu tun hat. Wir wissen, dass Gefühle ein Teil unserer Persönlichkeit sind, und akzeptieren sie, wie sie sind. Auch unsere Gedanken, die uns damals zum Handeln getrieben haben, betrachten wir in Ruhe und akzeptieren sie als Teil unserer Persönlichkeit. Dabei sollten wir möglichst ehrlich zu uns sein und auch Gedanken und Empfindungen zulassen, die vielleicht nicht salonfähig oder gesellschaftstauglich sind.

Die befreiende Frage, die sich hier aufdrängt, lautet: »Würde ich heute genauso handeln?« Vermutlich nicht. Eine weitere Frage, die Sie sich stellen könnten, wäre: »Wollte ich absichtlich verletzen?« Auch dies ist nur äußerst selten der Fall. Damals sind Sie von Ihren Gedanken und Gefühlen, von Ihren damaligen Möglichkeiten dazu veranlasst worden, so zu handeln, wie Sie eben gehandelt haben. Auch das lässt sich akzeptieren, wie es ist.

Vielleicht dringen an dieser Stelle Rechtfertigungsversuche in Ihr Bewusstsein. Nehmen Sie es wahr und lassen Sie diese Gedanken weiterziehen – denn sie mögen ihre Berechtigung haben, sind aber für die Heilung nicht nötig. Dabei geht es nicht um Wertung, sondern darum, es anzusehen, wie es war und wie es heute ist.

Es ist nun Zeit, dass Sie Ihrem damaligen Ich vergeben. Rufen Sie sich das Bild Ihrer Persönlichkeit aus dieser Zeit ins Bewusstsein. Nun gehen Sie wie auf eine kleine innere Reise:

Übung: Seinem früheren Ich verzeihen

Gehen Sie langsam und gleichmäßig mit leicht ausgestreckten Armen auf diese damalige Persönlichkeit zu. Auf Ihr freundliches Gesicht zaubert sich ein sanftes Lächeln. Sie machen einen Schritt nach dem anderen, bis Sie ganz nahe vor ihr stehen. Nehmen Sie sie jetzt in die Arme und vergeben Sie ihr aus reinem Herzen. Sie spüren nun das Gefühl der Befreiung. Sie sehen, wie Ihre Persönlichkeit von damals Sie voller Dankbarkeit ansieht.

Alles ist vergeben. Alles. Sie können die unendliche Weisheit der Vergebung spüren, die Sie rein macht wie eine klare Quelle, die aus dem Berg sprudelt. Sie nehmen nun im Geiste Ihr damaliges Ich bei der Hand und schlendern langsam und gleichmäßig zum Ausgangspunkt zurück. Sie können aus den Augenwinkeln erkennen, wie nach und nach Ihre einstige Persönlichkeit Ihnen immer ähnlicher und ähnlicher wird, bis sie ganz Sie selbst ist und Sie wieder am Ausgangspunkt angelangt sind.

Sie sind nun ruhig und klar, getragen von dem Gefühl der Befreiung, die Sie durch die Vergebung erlangt haben.

Professionelle Hilfe

Gerade im Zusammenhang mit früheren Verletzungen sind die Energien hinter den Wunden oftmals sehr stark. Manche Menschen spüren, dass da etwas Übermächtiges auf sie zukommt, wenn sie sich diesem Teil in sich selbst zuwenden wollen. In solchen Fällen ist es unbedingt empfehlenswert, sich die Hilfe eines Therapeuten zu holen. Um die verborgenen Bereiche des eigenen Inneren aufzuspüren, bedarf es generell oft der Hilfe Außenstehender. Manchmal sind es unsere nächsten Mitmenschen, die mit einer Bemerkung etwas in uns auslösen, was »Licht ins Dunkel« bringt. Oftmals aber sollte es eben ein Profi sein, der uns auf dem Weg zum Lichtschalter für unser Innerstes unterstützt. Denn er weiß, wie mit all dem im Sinne der Heilung umgegangen werden kann, was sich da zeigen mag.

Die folgende Phantasiereise lege ich allen ans Herz, die das Gefühl haben, nach vielen inneren und äußeren Kämpfen im Leben Erholung und Heilung zu brauchen.

Phantasiereise: Der Feuerkreis

Du siehst dich auf einem weiten Schlachtfeld stehen. Du bist müde von all den Anstrengungen, die hinter dir liegen. Du hörst deinen Atem. Gleichmäßig saugst du Luft in deinen Körper ein und lässt sie wieder ausströmen. Du spürst genau, wie dein Körper die Luft an dein inneres Zentrum bringt, wie du es aufnimmst und wieder loslässt. Es geht alles von selbst. Du saugst Luft ein, spürst dein inneres Zentrum und lässt wieder los. Dabei wirst du ruhiger und ruhiger und Gelassenheit breitet sich in dir aus. Die Schwere der Müdigkeit gleitet von deinem Kopf über den Hals in deinen Oberkörper und hinab bis zu deinen Beinen. Du kannst es genau fühlen, wie all die Schwere in die Erde unter deinen Füßen versinkt, und Leichtigkeit breitet sich in dir aus. Du fühlst dich wohl und ausgeruht. Du breitest in Gedanken deine Hände aus und dein Blick richtet sich zum Horizont. Du siehst die Sonne an deinem Horizont aufgehen, wie groß sie doch ist. Wie sie da steht mit ihren warmen Sonnenstrahlen und Tag für Tag Leben schenkt. Unaufhörlich breitet sie ihre Arme aus, um Wärme und Licht im Übermaß zu spenden. Und diese Wärme kannst du spüren.

Zuerst nur auf deiner Haut, die übersät ist mit kleinen und großen Wunden der letzten Schlachten. Du spürst das Leben, das von der Sonne ausgeht, auf deinen Wunden. Und du betrachtest deine Wunden und siehst, wie sie in der Wärme der Sonnenstrahlen trocken werden. Du siehst, wie sie im Licht immer kleiner und kleiner werden. Die Sonnenstrahlen kitzeln leicht und sanft über deine Wunden und du kannst zusehen, wie sie kleiner und kleiner werden. Du siehst zu, mit kindlichem Erstaunen. Es ist von einer großen Wunde jetzt nur noch ein kleiner roter Punkt zu sehen, der nun auch kleiner und kleiner wird. Du spürst immer mehr Wärme in dich eindringen, Wärme, die Leben und Heilung bringt. Der kleine rote Punkt ist nur noch ganz klein, bis er sich schließlich in den Farben deiner Haut vollkommen auflöst.

Du spürst die Kraft des Lebens in dir und du richtest voller Dankbarkeit deine Arme zur Sonne. Es ist dir, als ob eine Quelle der Wärme mehr und mehr auf dich hereinströmen würde, und diese Wärme füllt dich auf mit Leben. Du kannst den Energiestrahl in dir sehen und spüren. Dein Innerstes ist jetzt erfüllt von Licht und du kannst es durch deine Haut sehen. Du wendest deine Handflächen zu dir und siehst die magische Kraft der Sonnenstrahlen aus dir herausleuchten. Freude erfüllt dein Innerstes und du spürst, dass dir nun alle Macht der Heilung gegeben ist. Du drehst dich vor Freude im Kreis und das Feuer deiner Hände bildet einen großen Feuerkreis um dich herum. Welch eine Energie, denkst du.

Du bleibst stehen und siehst auf das weite Schlachtfeld mit der blutgetränkten Erde und du spürst die unendliche Kraft in dir. Du siehst um dich herum die vielen Verletzten liegen. Du bückst dich langsam zu einem der Verletzten hinunter und siehst eine lange tiefe Wunde auf seinem Bauch. Du betrachtest deine Hände, die aufgefüllt sind mit leuchtender Energie, wie die Strahlen der Sonne. Deine Hand fährt sanft über die tiefe Wunde des Mannes und du siehst, wie die Energie von deiner Hand in die Wunde eindringt und sie langsam und gleichmäßig verschließt. Freude und Zufriedenheit breiten sich in dir aus. Du streichst mit deiner Hand über sein Gesicht und aller Schmutz weicht der Energie. Du legst nun beide Hände auf seinen Kopf und lässt alle Energie in ihn einströmen. Und es ist dir, als ob deine Energie noch stärker werden würde. Du siehst, wie er seine Augen öffnet, und du lächelst ihm milde zu. Deine Augen sind dabei klar und freundlich und auch er lächelt dich freundlich an. Mehr und mehr Energie strömt in ihn hinein und auch deine Energie wird mehr und mehr. Du spürst, wie gut doch alles ist, und Freude erfüllt nun mehr und mehr dein Innerstes. Langsam beginnt sich nun sein Körper zu regen und seine Energie wird so wie bei dir durch seine Haut sichtbar.

Du streichst ihm über die Wangen und hörst dich sagen: »Was war, ist zu Ende. Alles ist vergeben. Vollkommen vergeben.« Du siehst seinen sanften Blick, als er sich zu dir erhebt.
Beide seht ihr über das weite Feld und ihr beschließt, nun beide Energie auszusenden und alle Wunden zu heilen. Dabei schließt du die Augen und richtest deine Aufmerksamkeit auf dein innerstes Zentrum, den Ursprung aller Energie. Und du lässt einen großen Kreis wie aus Feuer um dich herum entstehen und sendest deinen Kreis des Feuers aus, von Verletztem zu Verletztem, von Wunde zu Wunde. Alle Wunden heilen durch die Kraft deiner Energie und mit jedem deiner Atemzüge erhebt sich einer mehr von dem Schlachtfeld, erfüllt von deiner Energie. Du spürst, dass diese Energie immer sprudeln wird, solange du es willst. Du spürst, dass sie immer mehr wird, je mehr du davon hergibst, und du siehst alle Menschen, die von deinem Feuerkreis berührt wurden, vor dir. Sie stehen erhobenen Hauptes, alle Wunden sind geschlossen. Alles ist heil. Wieder hörst du dich sagen: »Was vergangen ist, liegt hinter uns, alles ist vergeben.« Das Gefühl der Befreiung überkommt dich, als ob sich Fesseln lösen wollten, und du atmest tief ein, als ob du die Freiheit in dich einsaugen könntest. Und beim Ausatmen ist es dir, als ob alle Last von dir abfallen würde. Du genießt jeden Augenblick des Atmens. Du saugst Freiheit ein und Belastung aus.
Leicht und unbeschwert kehrst du nun zurück zu deinem Zentrum der Energie, mit dem guten Gefühl, jederzeit und wann immer du es willst Energie ausströmen lassen zu können, die um ein Vielfaches verstärkt wieder zu dir zurückkehrt.

Das Prinzip der Selbstliebe

Die Selbstliebe wird vor allem in westlichen Kulturen als negative Eigenschaft angesehen. Sprichwörter wie »Eigenlob stinkt« zeigen dies deutlich. Mangelnde Selbstliebe ist daher bei uns auch weit verbreitet und es ist keine große Überraschung, dass die Depression immer mehr Menschen erfasst. Wir sollten daher vor allem akzeptieren, dass wir Selbstliebe häufig falsch verstehen und mit blankem Egoismus verwechseln. Die Liebe für sich selbst hingegen ist eine sehr gesunde Eigenschaft, die man unbedingt entwickeln sollte.

Wie denken Sie über sich?

Da wir wissen, dass unser Leben so verläuft, wie wir darüber denken, können wir erahnen, was Überzeugungen wie: »Ich mache nie etwas richtig«, »Dazu fehlt mir das Talent«, »Alles ist meine Schuld« mit sich bringen. All diese Gedanken haben wir irgendwann in der Vergangenheit zu denken begonnen und sie immer und immer wieder wiederholt. Vielleicht wurden sie uns schon als Kind eingeredet und wir haben sie irgendwann auf unserem Weg übernommen. Es ist letztlich völlig unerheblich, woher diese Gedanken gekommen sind, wichtig ist vielmehr, dass wir uns bewusst machen, dass sie sich in unserem Leben genauso manifestieren, wie wir sie denken. Wenn wir das aber nicht möchten, dann – und jetzt kommt die wirklich gute Nachricht – wissen wir auch, dass wir sie ganz nach unserem Willen neu gestalten können.
Wenn Sie über sich denken, dass Sie nie etwas richtig machen, dann können Sie ab heute denken »In meinem Leben mache ich alles richtig«. Am besten stellen Sie sich gleich das passende Bild dazu vor, beispielsweise wie Ihnen etwas gelingt, das Ihnen sehr am Herzen liegt.
Vielleicht denken Sie aber auch über sich: »Ich verdiene es nicht ... Erfolg zu haben ... glücklich zu sein ... mich gut zu fühlen ...«, was nichts anderes bedeutet als: »Ich verdiene es nicht, geliebt zu werden.« Dabei ist oft die persönliche Schuldzuweisung auch nicht mehr weit. »Ich bin schuld ...« Aber woran? Dass Sie da sind? Dass Sie nach Ihren Erfahrungen gehandelt haben, so gut Sie es eben wussten?

Die Liebe heilt

Vielleicht ist es ganz gut, sich an dieser Stelle einmal die Frage zu stellen, wer denn in unserem Leben die Maßstäbe setzt? Ich möchte behaupten, dass jeder diese Maßstäbe selbst setzt, sei es bewusst oder unbewusst. Wenn Sie denken und fühlen, dass Sie es (was auch immer) nicht wert sind, dann haben Sie sich dafür entschieden, der Fußabtreter Ihrer Umwelt zu sein. Wenn Sie sich für alles, insbesondere für das Fehlverhalten anderer, verantwortlich oder besser gesagt schuldig fühlen, dann wäre es kein Wunder, wenn Sie Strafe auf sich ziehen, denn wer schuld ist, muss bestraft werden. Erahnen Sie ein paar Punkte in Ihrem Denken, die auf mangelnde Selbstliebe hinweisen?
Es ist dann vielleicht an der Zeit, neue und frische Gedanken zu denken.

Beginnen Sie am besten damit, sich selbst zu verzeihen. Danach sollten Sie allen anderen verzeihen. Vergebung hat nichts damit zu tun, ein Fehlverhalten anzuerkennen oder gar künftig zu dulden. Es hat nur mit dem Loslösen zu tun, damit, zu erkennen, dass ein Fehlverhalten immer in der Vergangenheit liegt und daher unabänderlich ist. Seine negative Strömung sollte nicht in die Gegenwart hineinreichen. Vergeben Sie sich daher alles ohne jede Einschränkung, was Sie sich bislang vorgeworfen haben. Betrachten Sie dabei das innere Kind in sich, das im Rahmen seiner Fähigkeiten etwas getan hat, das in der Konsequenz etwas Unschönes hervorgebracht hat – es ging etwas kaputt, jemand fühlte sich verletzt, was auch immer es war. Möchten Sie jetzt hinlaufen, um es zu beschimpfen und mit Vorwürfen zu überhäufen? Oder es vielleicht in die Arme nehmen, um es zu trösten und ihm Mut für die weiteren Schritte zu machen?

Vielleicht sagen Sie bei der Begegnung mit Ihrem inneren Kind auch einmal Danke dafür, dass es in der Vergangenheit so oft Ihre wüsten Vorwürfe und Beschimpfungen ertragen hat. Denn wenn Sie sich selbst herunterputzen, heißt das nichts anderes, als dass Sie Ihr inneres Kind verurteilen! Nehmen Sie es in den Arm und drücken Sie es. Zeigen Sie ihm, dass Sie es lieben, und sagen Sie ihm, dass alles gut ist. Wischen Sie ihm die Tränen ab und ermutigen Sie es, es erneut zu versuchen. Sagen Sie ihm, dass es keine Schuld hat. Ihr inneres Kind wird es Ihnen danken und es Ihnen tausendfach zurückgeben.

Vielleicht kann es ein guter Ansatz sein, sein inneres Kind täglich zu besuchen und ihm zuzuhören. Es jeden Tag zu lieben und ihm das auch zu sagen. Bei ihm zu sein und alles, was vielleicht nicht so toll gelaufen ist, zu akzeptieren und es noch einmal zu versuchen. Nehmen Sie Ihr inneres Kind von ganzem Herzen an und lieben Sie es. Auch wenn Sie heute noch mit ihm hadern, haben Sie immer die Möglichkeit, zu vergeben und Ihren Groll in Dankbarkeit zu wandeln.

Das Prinzip der Dankbarkeit

In dem Stammbuch meiner Kinderzeit stand ein Spruch, der sinngemäß besagte, dass man nicht darüber klagen sollte, was uns das Schicksal verwehrt, sondern viel mehr dankbar dafür sein sollte, nicht alles zu bekommen, was man verdient. Irgendwie wusste ich nie so recht, was ich damit anfangen soll. Trotzdem ist er mir stark im Gedächtnis geblieben. Vermutlich auch deshalb, weil sich seine ganze Kraft, die in ihm steckt, in mir damals noch nicht ausbreiten konnte. Erst mit Ende dreißig ging mir dazu ein »emotionaler Kronleuchter« auf. Damals dachte ich viel über das Phänomen der Dankbarkeit nach. Sie war, so entdeckte ich, der Schlüssel zur Heilung vieler in die Irre laufender Lebenseinstellungen und auch bei der Überwindung von Hassgefühlen wichtig.

Hass oder Dankbarkeit?

Stellen Sie sich einen Menschen vor Ihrem geistigen Auge vor, der von Hass zerfressen ist. Betrachten Sie ihn genau und in aller Ruhe. Lassen Sie Ihre Augen über seinen Kopf und auf sein Gesicht gleiten. Sehen Sie nun seine Körperhaltung an. Gleiten Sie mit Ihrem geistigen Auge seine Arme entlang. Sehen Sie die Haltung seiner Beine an und lassen Sie sie auf sich wirken. Betrachten Sie nun dieses Bild ganzheitlich und werden Sie sich seiner Aussagekraft bewusst. Nehmen Sie jetzt Ihre Empfindungen dazu wahr.

Lassen Sie nun einen Menschen daneben auftauchen, der in jeder Faser seines Körpers Dankbarkeit trägt, und betrachten Sie ihn von Kopf bis Fuß. Sehen Sie in sein Gesicht, in seine Augen. Betrachten Sie seine Körperhaltung und die Stellung seiner Beine. Sehen und spüren Sie den Unterschied zu dem hasserfüllten Menschen? Erkennen Sie, dass scheinbar nach außen gerichtete Haltungen im Inneren wurzeln und dort mindestens ebenso stark wirken wie im Außen?

In einem zweiten Experiment könnten Sie die hasserfüllte Person vor Ihrem geistigen Auge dankbar werden lassen. Vielleicht dafür, dass sie anhand des Subjektes oder Objektes, das ihren Hass erregt hat, die eigene Denkhaltung erkennen konnte. Natürlich ist dies nicht ganz so leicht zu bewerkstelligen, denn der Hass lässt sich nicht so einfach austreiben. Aber wenn es nicht sofort beim ersten Mal gelingt, haben wir die Möglichkeit, es in unserer Phantasiewelt immer und immer wieder zu versuchen.

Dankbarkeit entwickeln

Wir haben in unserem Kulturkreis gelernt zu klagen, wenn nicht alles da ist, was wir (scheinbar) benötigen. Wir könnten jetzt beginnen, dankbar zu sein für Dinge, die bislang vielleicht selbstverständlich waren. Hier einige Anregungen:

Ich bin dankbar für meine schöne Wohnung.
Ich bin dankbar für mein tägliches Brot.
Ich bin dankbar für meinen Partner, der Freude und Leid mit mir teilt.
Ich bin dankbar für meine Arbeitsstelle.
Ich bin dankbar für meine gesunden Kinder.

Sicher fallen Ihnen leicht noch hundert andere Dinge ein, für die Sie dankbar sein können. Es gibt nahezu keine Einschränkungen. Vermeiden Sie jedoch verneinende Worte wie »kein« oder »nicht«. Denken Sie Ihre Dankbarkeit positiv.
Sie können sich nun Ihre Dankbarkeitssätze mehrmals täglich vorsagen und sich dazu passende Bilder vorstellen. Dadurch erhalten die positiven Dinge in Ihrem Leben viel Aufmerksamkeit und was viel Aufmerksamkeit erhält, hat die Tendenz, sich zu vermehren und zu vergrößern. Es ist ein bisschen Routine nötig, besonders dann, wenn in Ihrem Kopf bislang negative Gedanken vorgeherrscht haben. Aber nur Geduld, sie weichen früher oder später.

Ein Beispiel

Eine Freundin von mir stand einmal vor einer schicksalhaften Operation, vor der sie große Angst hatte. Ihr ständiger Gedanke war »Warum gerade ich? Warum passiert das gerade mir?« Als ich ihr vom Prinzip der Dankbarkeit erzählte, empfand sie es wie eine Provokation. Aber nach einigen Gesprächen konnte sie ihre Situation annehmen. In einem zweiten Anlauf hat sie ihren Satz der Dankbarkeit kreiert und damit ihre Einstellung komplett verändert: »Ich bin dankbar für die gute medizinische Versorgung, die wir in unserem Land haben.«

Und wirklich, dafür und für so vieles andere auch dürfen wir dankbar sein. Ich möchte Sie ermutigen, dankbar zu sein. Dann sind Sie auch offen für die Wunder, die Sie täglich umgeben. Vielleicht wollen Sie damit anfangen, sich so oft wie möglich diese Affirmation vorzusagen: »Ich bin jeden Tag dankbar dafür, Dankbarkeit zu empfinden.«

Das Prinzip der Umsetzung

Die Energie folgt der Aufmerksamkeit. Jeder Gedanke ist eine Form von Energie, der die Tendenz hat, sich zu verwirklichen. Und verwirklichen bedeutet in diesem Sinne, sich zu verkörperlichen, also Gestalt anzunehmen. Nun wird natürlich nicht aus jedem Gedanken auch etwas Körperliches. Tatsache ist, dass der Gedanke vor der Tat steht. Was aber bringt einen Gedanken dazu, sich zu verkörperlichen? Um dieser Frage nachzuspüren, sollten wir uns ins Reich der großen Erfinder begeben.

Aufmerksamkeit bis zur Besessenheit

Auffällig bei nahezu allen großen Erfindern ist, dass sie von einer Idee begeistert waren. Wie das Wort begeistert schon den »Geist« in sich trägt, so waren sie von einem Geist bis in die letzte Körperzelle erfüllt. Sie sahen ihr Werk vor ihren Augen, lange bevor es körperliche Gestalt annahm. Jede Sekunde ihres Lebens drehte sich um diese eine Idee. Ihr gesamtes Leben war davon beherrscht. Im Film »Flubber« wird dies auf komische Weise, aber doch eindrucksvoll zum Ausdruck gebracht: Hier vergisst der Held dreimal, völlig aufgegangen in der Begeisterung für seine Erfindungen, die eigene Hochzeit. Es müssen aber nicht immer große Erfindungen oder Weltneuheiten sein, die einen Menschen begeistern können. Das Prinzip der Umsetzung findet sich auch in Ihrem Leben wieder. Richtet sich die Aufmerksamkeit auf Krankheit, wie bei einem Hypochonder, entsteht Krankheit als körperlicher Ausdruck dieser Gedanken. Richtet sich die Aufmerksamkeit auf Erfolg, wie das bei erfolgreichen Geschäftsleuten der Fall ist, ist der körperliche Ausdruck eben Erfolg. In diesem Sinne gibt es kein Gut oder Schlecht. Es gibt nur Gedanken, die mehr oder weniger Aufmerksamkeit erhalten.

Das denken, was man will

Wenn Ihnen nun Dinge im Leben wichtig sind, dann schenken Sie den entsprechenden, positiv formulierten Gedanken genügend Aufmerksamkeit. Denken Sie sie mehrmals täglich, am besten in Ruhe und Gelassenheit. Denken Sie sie so intensiv, dass Sie ein Bild davon sehen, über das Sie sich freuen. Stellen Sie sich das Gewünschte so vor, als ob es schon verwirklicht wäre. Sehen Sie auch im Geiste, wie Ihnen Freunde zum Erreichten gratulieren. Lachen Sie dabei. Genießen Sie dieses gute Gefühl, dass es bereits vollendet ist. Atmen Sie bei einer solchen Übung entspannt und gleichmäßig. Mit ein wenig Geduld werden Sie beobachten können, wie sich der Fluss Ihres Lebens eine neue Richtung bahnt.

Hier noch eine kleine Meditationsübung für einen leichteren Einstieg: Schreiben Sie den Bibelvers aus Markus 11,24 ab: »Alles, worum Ihr betet und bittet, glaubt nur, dass ihr es schon empfangen habt, und es wird euch zuteil.« Stellen Sie sich eine Eieruhr auf drei Minuten und lesen Sie diesen Satz immer wieder, bis die Zeit um ist. Werden Sie von Gedanken abgelenkt, ist dies nicht weiter schlimm. Bringen Sie die Aufmerksamkeit einfach immer wieder zurück zur Übung und lesen Sie den Satz, bis die Zeit um ist.

Zum Abschluss

Täglich so zu tun, als ob unsere Wünsche schon wahr geworden wären: ein wirkliches Geheimnis unseres Lebens? Ja, ich denke, das ist es. Probieren Sie es aus! Theorie und Praxis sind ein Geschwisterpärchen, aber sie sehen einander anfangs noch nicht sehr ähnlich. Doch je näher man beide kennen lernt, umso mehr erkennt man ihre tiefe Verwandtschaft. Ich hoffe sehr, dass Ihnen die eine oder andere Betrachtungsweise oder Phantasiereise hilfreich war, Ihren eigenen Weg zu finden und zu gehen. Denn nur darauf kommt es letztlich an. Dieser Weg hört nicht auf, er bleibt voll Spannung und Aufregung und voll neuer Entwicklungschancen. So wird Ihr Lebensfluss vielleicht noch viele Wendungen nehmen, seinem Ziel wird er dennoch treulich folgen.
So wünsche ich Ihnen, immer wieder den Mut zu finden, neu anzufangen, die Kraft, immer wieder neu zu lernen, und vor allem den Glauben an sich selbst jeden Tag aufs Neue zu erfahren.
Viel Glück und Gottes Segen!

Thomas Niklas Panholzer

Impressum

Redaktion: Diane Zilliges, Wörthsee-Steinebach
Satz: Maren Gehrmann, Germering
Projektleitung: Sven Beier
Redaktionsleitung: Karin Stuhldreier
Layout: X-DESIGN, Manuela Hutschenreiter, München
Umschlaggestaltung und Konzeption: R.M.E. Eschlbeck / Kreuzer / Botzenhardt

Bildnachweis: Alle Fotos stammen von H.P. Hoff Fotografie, Ravensburg (www.hphoff.de)

Druck und Bindung: Alcione, Trento
Das für dieses Buch verwendete FSC-zertifizierte Papier *Profimatt* wird von Sappi Deutschland GmbH im Werk Ehingen produziert und von der Igepa geliefert.

Printed in Italy

ISBN: 978-3-517-08415-2

817 2635 4453 6271